# DEEP KINDNESS

A Revolutionary Guide for the Way We Think, Talk, and Act in Kindness

# 你的善良必須更有力量

勇氣、耐性、同理心，深度善意是助人的王道

休士頓・克拉夫特 Houston Kraft 著
林師祺 譯

本書獻給所有致力於創造善良世界的人，我們需要你。

我從許多人身上學到善良。我的爸媽布萊德和蕾莎始終以這股力量支持我，有這樣忠實的擁護者常相左右，讓善良成為影響更多世代的禮物。

那些生命中的老師是影響我投身教育工作的重要原因。與我一起創業的搭檔約翰．諾林（John Norlin）用行動告訴我何謂活得有意義。我的良師泰勒．杜爾曼（Tyler Durman）富有正直、同理心。

前妻哈莉和我一同走過漫長、古怪、美妙又曲折的道路。我們多次成為彼此的明鏡，我永遠感激那趟冒險，感恩我們走了那麼遠。

關於如何把人生過得更好，我知道的點點滴滴都源自友誼。我是獨子，麥克．查羅（Michael Zaro）就是我的大哥哥。我從小就聽他說，人們可以酷到離譜，因為他們始終很善良。我現在的室友埃斯特班、賈姬、班和潔西教我多跳舞、多歡笑、多玩樂。他們提醒我要活出真我，向世界展現所有天賦。充分愛自己、奉獻自己，就是我們所能學會最善良的事。

目次

第1部──爲什麼我要當好人？ 009

第一章 善良並不常見……015
第二章 觀點決定我們的所作所爲……017
第三章 深度善意的四大特質：同理心、韌性、勇氣和寬恕……020

第2部──現代人的精神止痛藥 029

第四章 網路世界正在侵蝕我們的同理心……032
第五章 手機功能越強，內心越孤獨……037
第六章 品格比個性更重要……041
第七章 知易行難：善良不是口號，而是行動……045

第3部——培養行善的能力 053

第八章 除了「不錯」，你還可以說出更有意義的稱讚……060

第九章 想法變了，心情也跟著改變……072

第十章 同理心：陪你一起淋雨……084

第十一章 放下防備、勇於表達關心……099

第十二章 寬恕是對自己和他人的首要善行……111

第4部——沒有安全感 129

第十三章 不要把行善變成情緒勒索……138

第十四章 完美主義是善行的最大阻礙……148

第十五章 只要你不尷尬，尷尬的就是別人……159

第十六章 羞恥感是個暴君……170

## 第5部——沒有決心 181

第十七章 再怎麼忙，也要和你喝杯咖啡……191

第十八章 爲工作累死自己不如多做善事……201

第十九章 「不希望有人像我一樣孤單」……208

## 第6部——持之以恆 213

第二十章 除了蛋炒飯，你還有許多菜色可以點……220

結語 更美好的世界……234

謝詞……243

延伸閱讀……245

注釋……250

# 1

# [ 爲什麼我要當好人？ ]

## 「熱狗座位」

你一定知道，就是飛機的中間座位，你卡在兩個人肉包子之間，航班時間有多長，你就卡多久。你要默默搶奪扶手。機上平均溫度就看鄰座如何控制出風量。

這些年來，我已經去過各國六百多間學校演講「善良」的主題，但在演講生涯早期，並沒有幾間學校願意幫我出機票。某次，學校願意出車馬費請我飛去演講；那一天我緊張又疲倦地坐在熱狗座位上，只想打個盹，爲明天的大日子做準備。但是，在我旁邊坐下的海嘉卻有不同的想法。

她來之前，我已經在熱狗座位坐定。她走到我面前，明確表示我不必起身讓她坐進窗邊，於是，我們只好進行中學時代老掉牙的尬舞情節——就是陌生人在狹小封閉的空間，他必須從你身邊經過，而你站起來好讓他擠身過去，突然間，你們成爲不得不跳慢舞的七年級小朋友。

她終於坐定，我馬上發現她比我想得更活潑。她坐立不安、興致高昂，而疲倦的我只想打個盹。我從餘光中知道她在前座椅背口袋插進狗狗飾品，並拿出一條手工編織毯開始消磨時間。

航班飛行時間長達三小時，她大概想要有家的感覺吧。

儘管我戴著降噪耳機、掛著遮住餘光的頸枕，種種跡象都顯示我準備睡覺，她還是拍了拍我的肩膀，自我介紹。

「嗨，我叫海嘉！」

午睡時間正式延後。

一般閒聊都會有冷場，她卻立刻採取行動。海嘉提出各式各樣的問題：我從哪裡來？要去哪裡？做哪一行……

我說我住緬因州，在西雅圖長大。正要去學校演講，那就是我的工作。她喜出望外。「休士頓！我也在學校工作過！是所高中。你最喜歡高中生活的哪一部分？」

「高三。」我的回答（和耐心）越來越短。

「爲什麼？」她的熱切讓人吃不消。

我解釋說高中最後一年，我和朋友在學校創建RAKE，就是「各種不經意的善舉」(Random Acts of Kindness, Etc)。我們每週一次開會討論「善良」，指出這個特質爲何重要，爲何世界需要它們，以及我們該做哪些事情磨練這個特質。然後我們親身到校園實踐！我解釋RAKE只有兩條規則：

1. 認識新朋友。
2. 讓他們在認識我們之後變得更好。

我們發現，在這種規模的學校（我的母校有一千八百個學生），每一天都會認識新朋友，但也無法認識所有學生。每個人都希望建立某種關係，所以我們經常討論，如何有效地「讓他們在認識我們之後變得更好」。

海嘉很快就情緒激動。她有一頭向上鬈曲的頭髮，笑容燦爛，一雙翠綠的眸子裡似乎種了一座花園。她戴著舒適的頸枕，但是就我觀察到的跡象看來，頸枕恐怕派不上用場。

如果你腦裡已經有畫面，請想像她開始哭泣。

她邊哭邊急切地強調：「世上沒有什麼比善良更重要。」

這一點我們每個人多多少少都相信，但對海嘉而言，這源自於痛苦的經歷。

她解釋，上次搭飛機是三年前，當時父親的醫生打電話叫醒她，要她儘快趕到亞利桑那州，因爲「妳爸爸的狀況不太好」。

她趕赴機場，就在飛機即將飛往鳳凰城時，醫生打電話捎來她父親的死訊。

在三個小時的航班中，她震驚地無法言語，周遭盡是陌生人。當她抵達亞利桑那機場時，跌跌撞撞地走到最近的牆邊，坐在地上哭。

海嘉的故事中，有一點我永遠不會忘記：在那兩個小時裡，她坐在機場哭泣，路過的人將近三千個。

沒有一個人停下來伸出援手。

# 第一章　善良並不常見

沒有人能夠倖免於逆境。無論如何，我們每個人都會需要人與人的善意和交流。

我花很多時間思考善良的重要性，但這個世界似乎忙得沒時間去管它。大家都認爲善良是美好人生的基本要件，卻都不擅長去實踐。

爲什麼我們只說不做？

既然某件事的價值得到普世的認同，爲什麼我們卻不精通？海嘉怎麼能痛苦、孤單地坐在機場，遭到三千人的漠視？

就許多層面而言，這本書是爲海嘉而寫。我幾乎每天都在思考或討論她的故事。就某些方面而言，這是因爲我知道，我隨時都可能成爲海嘉。我非常清楚，沒有人能夠免於逆境。總有一天，我們都會渴望人與人之間的善意和交流。

在那兩個小時，三千名陌生人無視痛苦至極的海嘉。在她最悲傷、最孤單的時刻，數以千計的人有機會陪伴她、安慰她，卻默默地離開。

她哭著下結論時，我也在熱狗座位上流淚：「休士頓，三千人走過時，你知道我明白了哪件事情嗎？我發現，善良並不常見。」

善良並不常見。

這些年來，這句話揮之不去。我大半的工作就是以這句話爲基石，因爲我希望生活在以善良爲基礎的世界。人類總想得到關注與關懷，也想過著有希望的日子，而這些基本需求在那裡都能獲得滿足。人們有能力也有勇氣停下腳步，幫助在機場哭泣的人。要打造更有意義的人生，更富足、更有愛心、更團結的社群，「善良」是唯一最重要的技能。

我們可以創造「善良是日常」的世界。一路走來，我發現這需要付出極大努力。

# 第二章　觀點決定我們的所作所爲

我們對語言的理解多半經由傳承而來，而狹隘的生活經驗會影響思考方式。若不留心，我們就會用負面的角度詮釋那些主宰人生的詞語。

從很小的時候開始，我就想牢記一些很長的單字，還記得六歲時，我坐在浴缸裡，努力學著拼出「溫度」，媽媽也耐心地把這個字拆成：tem-per-a-ture。

我上網瘋狂尋找，看看能否找到更長、更不實用的詞彙。十一歲時，我學會「火山矽肺病」（Pneumonoultramicroscopicsilicovolcanoconiosis）。你不必上谷歌搜尋了（光是輸入這個詞就需要一分鐘），我告訴你吧：這是一種吸入細小二氧化矽或石英粉塵所致的肺病。這是最長的英語單字，有四十五個字母，我花了四十八個小時才背起來。

也許因爲我是獨生子，每件事情都想贏，除了獲勝之外，我還著迷於文字的力量。認知科學家波洛狄斯基（Lera Boroditsky）在二〇一九年的文章〈語言和大腦〉中指出，語言是我們理解周遭世界的主要方式。[1]語言在人類大腦的許多區塊扮演重要角色，從區分顏色到做出道德判斷等。此外，構建記憶、分類物品、標記嗅覺和聽覺、判斷時間、做心算以及表達情感，全都要靠語言文字。

我們對語言的理解多半經由傳承而來，而狹隘的生活經驗會影響思考方式。若不留心，我們就會用負面的角度詮釋那些主宰人生的詞語。對於一些人生重要的概念，個人經驗應該不是最值得信賴的定義來源。舉例來說，有些人從小對「愛」的體驗很貧乏，因爲他們所信任的成年人不懂愛。還有一些人會陷入受虐的關係，就會以非常負面的方式思考愛。有些人的成長背景比較順利，爸媽每晚下廚，一家人總是一起吃飯。但對於父母總是不在家的孩子來說，在冰箱找剩菜是他對晚餐的回憶。

每種觀念都有其形成的脈絡。我們要試著去反思，生活經歷如何影響自己詮釋那些文字，否則就會不知不覺承襲別人的看法。千萬不可默默接受由生活經歷定義的「善良」，而是要進一步去探索這個詞彙的各種涵義。

我們如何行動，都取決於大腦的思考方式；文字、觀念與定義影響了我們的所做所爲。

你對善良的定義是什麼？更重要的問題是：它如何影響你日常生活中的行爲？

# 第三章

## 深度善意的四大特質：同理心、韌性、勇氣和寬恕

世界無法變得更美好，最大的障礙就在於我們把這事看得太簡單。唯有付出心力和時間，學會分配重大資源，才能改善現況。

如今，人們更常提到善良。大賣場中有各式各樣強調快樂與樂觀的T恤，網路上也有大量教人「正面積極」的圖片。新創事業如雨後春筍般冒出，而創辦人總會強調，他們的企業精神是行善。而我前去指導的學校，都將「善良」納入校訓或教學目標。

但重點不在於談論的頻率，而是談論的角度。

我曾在各國六百多所學校開課，而校園中有許多跟善良有關的海報，上頭總有

這樣的句子：「隨時釋出善意，像是灑碎紙花一樣！」

我眞想從網路、走廊撕掉這類海報。

別誤會，這些海報的出發點當然很好。我們的確應該以更開放的態度分送善意；「做好事」是多多益善！

不過，如果行善眞像灑碎紙花那樣輕鬆容易，這個世界應該早已變成天堂。

事實上，這些文宣的語調千篇一律：單純、可愛又俏皮。

「行善就對了！」

「微笑不用花錢，盡量笑吧！」

這些句子可以做成好商品、好海報，卻是弊多於利。但在不知不覺中，這些句子越來越空洞，只是簡化的方式在談論善良。

世界無法變得更美好，最大的障礙就在於我們把這事看得太簡單。唯有付出心力和時間，學會分配重大資源，才能改善現況。世界需要哪些善意，我們必須有精確的圖像，才能教導他人。「了解善良的重要性」以及「實際行動」之間，的確有明顯的差距。

所以我們要改變談論的方式：善良其實難以實踐。老師應該教導學生，行善是件棘手、艱難的工作，還要學習相關技能。因此，我們需要「深度的善意」，不是「如碎紙花般的善行」。

或者說，輕鬆、簡單的善行只是一小片拼圖，不是整幅圖畫。

在本書中，我會清楚勾勒出這些觀念的差異。對於善良這個重要的概念，我也會提出更周全的定義。以下先分出幾種類型：

- **禮貌**

「請」、「謝謝」或「感恩」等殷勤的禮貌用語。這些善意非常重要，是用來展現對人的基本尊重，但很難能改變任何人。這些舉動能維持世界運轉，卻無法處理更嚴重、更糟糕的狀況。

## 碎紙花般的善行

在媒體推廣下，許多人會做一些令人自我感覺良好的小善行，例如「購買待用餐」這類溫馨、親切的舉手之勞。

先澄清一點，世人都渴求溫柔，也想保持樂觀精神，而上述兩種善良是必要的。「如碎紙花般的善行」不是壞事，這些有趣而慷慨的行爲能帶給大家希望。讓我們知道，在這個時而灰暗的世界，還有人會做好事。這些行爲的出發點都出自於好意，是眞誠地想助人。小小的善行沒有錯，但大家得付出更深刻的關懷，才能改善當前的世界問題。

## 深度的善意

克服自私和恐懼，慷慨又不求回報，就是深度的善意。無論對方有無缺點、內心是否醜惡，你都能毫無保留地付出關懷。這種經年累月的體貼行為能證明，你付出不是為了其他考量，也不單是舉手之勞。想要幫助他人，除了禮貌以及誠摯之心，你還得審慎地自我反省，培養深刻的勇氣，並願意放下身段去學習社交與情感技能。提高情緒商數後，身心才能合作無間，完成看似簡單，實則複雜的善行。如此一來，我們才能伸張正義，並化解世代之間的仇恨。想要世界更平和、更有同理心，就得教導學生去探索深度的善意，他們才懂得停下腳步去安慰有需要的人。

在成長過程中，我們聽到或看到的多半是「做好事」之類的簡化口號，或是「微笑不花錢，盡情笑吧」等俏皮的指令。社會持續將善良這個美麗卻複雜的概念簡化為諺語、便利貼式的客套話以及走廊上的擊掌喝采。

市面有許多書籍都在提供「碎紙花般的善行」的故事和想法，它們當然都是好書。閱讀的當下，你會大受感動，或是莞爾一笑，心情會變好，或激發某個行動。我絕不否認那些書的價值，但我想探索的主題比較嚴肅，也不太有趣。有時會讓你感到惱怒、不悅，但這是好事。我想探索同理心的極限，讓大家了解到，需要付出哪些努力，才能生活在最良善的世界。

「深度的善意」不會因爲相信就出現，必須付出努力，而且實踐的技巧永遠有改善的空間。當然，深度的善意也包括禮貌以及小小善行，當你不斷淬煉後面兩者，才能爲前者打下基石。持續並貼心地實踐溫和、有禮的小小善行，有助你培養尊重的態度和習慣，並且讓小成就驅使你追求更大的目標。最後，你還要加強勇氣，才能在關鍵的時刻採取行動。

拿運動當比喻，禮貌就像收看健康新聞跟去散步；碎紙花般的善行就像去上彼拉提斯課或快走。但深度的善意不一樣；你得累積多年的飲食和運動習慣，才能保持身心平衡，眞正改變體態。萬事萬物環環相扣，絕非偶然。要從一個階段進展到另一個階段，取決於日積月累的理解、行動和紀律。儘管辛苦，卻一定會有深刻的回報。

爲了體現這種善良，你必須了解要實踐的目標與技能。

首先，你需要培養同理心和換位思考的能力。試著了解他人的需求，才能提供對方需要的東西。

其次，我們還需要韌性。具備強大的毅力，才能不斷對人表示善意，在遭到拒絕、傷害或嘲笑後，再度展現善良的一面。陷入殘酷又充滿恨意的逆境時，唯有無條件的愛和恆毅力才能度過一切。

第三，我們需要勇氣。爲了展現關懷的心，我們願意挺身而出，並承擔他人的批評或嘲弄。身邊有人陷入恐懼、需要你的協助時，你也得勇敢走入狼群中。

最後，我們需要寬恕的心，以寬廣的視野看待他人，相信對方有成長的能力。冷酷的人總認爲他人（或自己）沒有能力改變。世上之所以有世仇，就是因爲雙方執拗地堅信：「對方有意傷害我，永遠也不會變。」

湯姆．漢克斯在電影《紅粉聯盟》中有句著名的台詞，我想一定能引起大家的共鳴：「人生本來就困難重重，否則人人都做得到。就是難，才偉大。」有挑戰，才有價值，才會影響生命，才能改變世界。想要有效地實踐善行，我們就得重視當中的複雜性與困難度。因此，學園的海報不妨改爲：

「善良是最重要、最有意義的舉止，一定要用心做！」

這樣的海報才值得懸掛。

# 2

# [現代人的精神止痛藥]

比起維他命，人們買止痛藥更積極。我們更甘願去找舒緩的方法，而不是一開始就想辦法減少疼痛。人類天性被動，往往在創傷後思緒才會變清楚，而想到「原本該做的事情」。

可惜的是，社會大衆總認爲善良可有可無，就像蛋糕上的糖霜，而不是本體。透過深度的善意，我們可以解決很多問題。善良不只是維他命，我們正處於痛苦中，需要更強效的處方，才能治標又治本。

愼重看待善良，不可等閒視之。想要創造健康、團結又有智慧的世界，善良是最重要的條件；它不是ＯＫ繃，而是解藥。

我們的世界需要眞正的解方，而且刻不容緩。

# 第四章 網路世界正在侵蝕我們的同理心

神經科學家指出，正是在無聊的時刻，人們才會培養出同理心和創造力。

美國心理學會於二〇〇〇年在其網站上刊登文章指出，現在學生的平均焦慮程度比過往五十年都要嚴重，而原因有數百種。[1]

首先，我們的大腦先天不適合每天接收大量資訊。在二〇一八年，市調公司尼爾森發現，美國成年人每天至少花十一個小時在社群網站上頭。[2]除此之外，在二〇一六年，加州大學聖地牙哥分校的研究人員也指出，現代人在每天清醒的時間接觸了三十四GB的資訊量，而且都未經篩選和整理，無法轉換成有用的知識。這些都是不帶個人色彩的數位內容。[3]

大量的圖像和影片轟炸大腦，我們的互動能力因此受到影響。密西根大學的研究人員發現，自二〇〇〇年以來，大學生的同理心不斷在下滑。[4]科技日新月異，但人類的社交能力卻不斷在倒退。

這個警鐘眞是令人慚愧。而我們體認到，儘管大家在網路上的交流非常頻繁，但也更加孤獨、焦慮。千禧世代是所謂的數位原住民，但容易感到寂寞。八年級時，我得到第一支手機，而上面有個遊戲叫貪食蛇。接著我迷上黑莓機的打磚塊遊戲。現在我手上握著有線條光滑的iPhone，並在蘊含無限可能的App Store上找尋資源。

爲了取悅我們，市面上永遠不乏類似的軟體和遊戲，但我們卻因此付出最寶貴的資源，就是注意力。現代家庭用餐時，每個人只管把臉埋在手機裡，而不願多多交流。

3C產品漸漸搶走我們的注意力。爲了取悅我們，它們不斷更新設計，讓我們擺脫不了。相較之下，誰想去接觸不完美又不討喜的眞人？科幻小說家都警告過，如果沒有自覺、不夠小心，機器就會控制人類的日常生活。歸根究底，網友比較好應付，現實中的人要靠相處。

在網路世界中，大家都只想分享最美好、最值得慶祝的生活片段。我們認識彼此的唯一方式，就是透過最受歡迎的貼文和照片。網友只會看到光線最美、穿著最有風格的自己。而我們也只想貼出最洗練、最風雅的文句。總之，每個人都花許多時間在打造出精雕細琢的網路形象。

在個人檔案上，我們會端出最體面的形象，也爭相成爲名人的頭號粉絲。在網路上，我們不切實際地互相比較，無情地批判自己和他人。「眞希望我的髮型也那麼好看」、「多希望我的戀情也和他們一樣」，我們有意識或無意識地在內心獨白，眼中只有他人精挑細選的形象，而忽略完整的自己。

數位資訊唾手可得，又會令人上癮。只要我們有「閒暇時間」，就想不斷滑手機。我隨時都想拿起 3C 產品，症狀非常嚴重。我時常誤以爲自己的手機鈴聲響了，但其實是路上的其他雜音，而大腦總是下意識地叫我拿出手機，以免漏掉重要事項。

有了手機，我們就能一手掌握天下大事，還能與人互動。相較之下，無所事事地坐著最浪費時間了。

但神經科學家指出，正是在無聊的時刻，人們才會培養出同理心和創造力。《至善》（*Greater Good*）雜誌的專欄作家貝爾頓（Teresa Belton）博士認為，做白日夢時，就是在享受沉默、停頓和靜止的時刻。遠離喧囂又雜亂的世間，腦袋清空，就可以盡情揮灑創意了。[5]但我們現在沒有無聊的時間，有大量的內容要消化，有一打的朋友要傳訊，還太多的八卦要跟對方講。

這不是新聞。在一九八〇年代，加拿大學者研究電視如何影響觀眾的創造力和想像力；而這兩個特質跟同理心息息相關。[6]他們發現，長期看電視後，擴散性思考（divergent thinking）的能力就會減低。如今我們的口袋裡就有最功能強大的電視。

現代人隨時都能收到精彩又豐富的內容，但最直接的副作用便是焦慮。除了資訊超載外，我們還會進行兩敗俱傷的比較遊戲，連無聊的餘裕都沒有。我們自以為在抄截徑，卻疾速駛離正常的人際交流公路。

教育心理學家玻芭（Michele Borba）博士在《我們都錯了！同理心才是孩子成功的關鍵》一書中說，焦慮增加，同理心就會減少，她稱此為「同理心差距」。她提出強有力的證據，指出這種差距正在擴大。這個因果關係很好理解：越操煩自己的事，越沒有心思關心別人的處境。

**世界所需要的善良 ♥ 交流與理解**

理解是人與人交流的基礎。朋友間也要經歷痛苦與掙扎，感情才會深厚；光點兩下螢幕是辦不到的。這不是可有可無的善意，而是生活的必需品。它不是營養品或止痛藥，而是治癒世人創傷的關鍵藥物。

# 第五章 手機功能越強，內心越孤獨

過去幾十年來，為了拓展人際交流的範圍，成千上萬的創新技術和產品問世，但個人的孤獨感卻也不斷提升。

我演講生涯最成功的一年，也是人生中最孤獨的一年。

「勵志演說家」這份工作最落寞的一面，就是得在深夜搭車往返各地，還得常常獨自用餐。在二〇一六年，事業上我全力衝刺，還與美國一百三十多所學校與機構合作。然而，當時我母親被診斷出患有第四期結腸癌，我的婚姻搖搖欲墜，在洛杉磯的新家附近也沒幾個朋友。

諷刺的是，孤獨的人不只有我一個。二〇一八年，美國「康健人壽公司」和「益普索市場研究公司」共同訪問了兩萬名十八歲以上的美國成年人，結果發現，百分之四十的受訪者感到孤獨，百分之四十七的受訪者覺得受到冷落。四分之一的人自覺不被理解，近一半的人覺得他們的親密關係沒有意義，並經常感到被孤立。從這份調查看來，孤獨的主要肇因就是缺乏有意義的人際交流。[1]

許多文化都在讚揚獨立自主，強調那是成功人士的特質，卻沒有提醒大家，人際交流也非常重要。過度強調獨立，就是間接地貶低團隊合作的價值。融入團體、尋求協助，才能攜手解決重大問題。光是強調獨立，卻沒有時常與人交流，就算事業成功，也會有孤立無援之感。

接下來會有什麼發展呢？你可以想像，孤立導致孤獨，孤獨又與抑鬱和自殺有關。遭到社會孤立的人可能會感到抑鬱，抑鬱的人不肯對親朋好友打開心房，更加重孤立感，這是惡性循環，你一定看過這種案例，或你自己就置身其中。

心理學家坎利（Turhan Canli）指出，我們感到孤獨時，患有以下病症的風險就更高：

- 認知能力下降
- 阿茲海默症
- 心血管疾病
- 癌症
- 發炎性疾病

由這些資料可歸納出一個驚人事實：孤獨會害你短命，影響等同每天抽十五支菸。[2]

上班族晚上吃著一人獨享餐，而安養院裡滿是無人探視的老人。但年輕的孤獨人口增長幅度最大。精神病學家尼尼瓦吉（Frank John Ninivaggi）發現，Z世代是最孤獨的一代。[3]令人意外的是，自殺超過兇殺，成爲青少年的第二大死因。

這點無須贅述。我們都看到問題所在：現代人在網路世界的互動很頻繁，在社交方面卻更孤立。過去幾十年來，爲了拓展人際交流的範圍，成千上萬的創新技術和產品問世，但個人的孤獨感卻也不斷提升。

每次出差時，我只能孤單地躺在僵硬的旅館枕頭上，深夜滑滑手機、看看朋友的照片。我是連鎖旅館的鑽石會員，所以能獲得兩瓶水，但我只喝了一瓶。

**世界所需要的善良 ♥ 互相取暖**

讓彼此不再感到那麼孤單。

# 第六章　品格比個性更重要

在這場文化角力賽中，善良敗下陣來。大家不再關注於行善及創造核心價值，而只想著要製造笑話和鬧劇，內容越無腦越好。

坎恩（Susan Cain）在其著作《安靜，就是力量》提到這個小實驗。她查閱一百年前的心靈成長叢書，並找出最常見的標題和字詞，包括「榮譽」、「謙遜」、「勇氣」和「品格」等。

相對地，現代心理勵志書籍中最常見的詞彙有「風采」、「魅力」、「風趣」和「受歡迎」等。爲什麼有這種變化？坎恩指出是生活模式改變了，一百年前的人從事農業耕作，而現代人大多是上班族；以前的工作夥伴會攜手合作一輩子，現代人得到大城市工作，並設法讓陌生人留下深刻印象。

她寫道：「以往的文化注重品格，現在注重個性。」兩者差異乍看不明顯，其實影響深遠，且徹底翻轉了社會的形態。以前的人注重品格，心裡總想著：「如何成長，才能幫助身邊的群體和世界？」因此，他們重視道德和人格的完整性。坎恩認爲，這種文化能同時包容內向和外向的人。

現代人則標榜個性，所以我們總在想：「要如何改造自己，才能提升名氣、創造個人品牌、讓粉絲變多？」大家都設法要提升地位、創造聲量，讓自己成爲衆人的焦點。以前我們的偶像大多是電影明星，現在則是網路名人和網紅。爲了吸引大家的眼球，我們每天都在煩惱，該做什麼才能得到關注？

在這場文化角力賽中，善良敗下陣來。大家不再關注於行善及創造核心價值，而只想著要製造笑話和鬧劇，內容越無腦越好。

「個性和品格」，這兩個概念的差別很重要。想想看，民權領袖金恩博士和希特勒一起去做個性評量的話，得分一定很接近。他們都是出色的演說家，有遠大的理想，想改變社會制度，也會設法擬定策略。但兩人最重要的內涵差異就在於品格。

研究指出，個性在七歲前多半已經定型，可說是與生俱來；但品格取決於我們每天所做的選擇。[1]希特勒寧願用他的天賦去傷害他人，金恩博士則爲希望而戰，讓美國社會更加開放而進步。一般人每天做出三萬五千個大大小小的選擇，每一個都有其影響力。靠著它們，我們就能成爲善良、有耐心和認眞的人。簡單來說，品格是由習慣養成的。

在日常生活中，若有人說：「我只是實話實說，這就是我的個性！」那我應該會回覆：「不，你的個性是獨斷，但從品格來看你是個討厭鬼。」

不過，獨斷的人也可以善良又有愛心。妥善運用你的個性去幫助他人，但不要濫用自己的才華去傷害對方；這就是品格。

再次以健身房爲例：個性是穿去健身房的衣服，品格是努力鍛煉出來的肌肉。

在健身房裡，有些人穿得很帥氣，卻沒流什麼汗。某些人在團體中很受歡迎，但私下相處卻不太親切。有些人自以爲幽默，其實是靠揶揄別人（尤其是比他們低階的人）爲樂。有些人頗具領導者的風範，有機會擔任主管，但工作時卻很懶散。這些人都很有個性，但稱不上有品格。兩者的區別很重要；若衆人太強調個性、但看輕品格，那這個社會就會有很多問題。

**世界所需要的善良 ♥ 責任與擔當**

爲了實現共好的社會，我願意奉獻自己的心力，就算汗如雨下也無妨。爲了培養同理心和良好的品格，我會養成習慣，扛起必要的苦差事。

# 第七章　知易行難：善良不是口號，而是行動

行善最大的阻礙就是自己。

在各地的演講活動中，有些聽眾是熟客，所以我得發揮創意，否則一再重複分享同樣的故事，顯然有失職業道德。

某次我參加學生主辦的領導力大會，我的時段是第三個節目。來自華盛頓州各地的五千名年輕人來參加這個會議。我前面的主講人是九十四歲的諾耶蜜・班（Noémi Ban），她是納粹大屠殺的倖存者，就各方面來看都令人敬佩。

諾耶蜜很聰明，二十二歲時，她和十一位親戚都被送往奧斯威辛集中營，只有她一人離開那個可怕的地獄。後來，諾耶蜜被送往布亨瓦德集中營，在製造炸彈的

生產線上工作。但她動了手腳，讓那些炸彈失效，拯救了許多老百姓。她在某次行軍中逃脫，回到故鄉匈牙利。

諾耶蜜後來當上教師，卻再次身陷險境。一九五六年匈牙利爆發革命，而蘇聯派兵前去鎮壓。她試圖逃往奧地利，第二次才成功；她躲在巨大的毛線球貨櫃中。這些情節都是無法憑空捏造的。

她演講時，面前放了一杯水。她說，納粹會拿水引誘那些又餓又渴的俘虜，還會煽動猶太人互相攻擊，以證明他們都是下等人。

演講尾聲時，她高舉杯子，啜飲一口，接著說出最終的結論：「這就是自由。」聽到諾耶蜜的英雄事蹟，令我熱淚盈眶。她走下講臺後，我突然發現，諾耶蜜的故事完全改造了我的思考模式。這七年來，我一直努力在向聽眾推銷善良的理念。我始終相信，只要能夠說服聽眾接受善良的價值，每個人就會努力行善，精益求精，而世界就會更美好。

聽了諾耶蜜的演講後，我發現自己只會推銷結論，而不會向聽眾提出問題。與其大聲疾呼、提出各種訴求，並探討善行背後的道德觀，還不如直接問自己：「阻撓我行善的原因是什麼？」

每個人都知道善良的價值，也希望自己的生活和世界能更加平和。從人性面來看，大家都渴望得到別人的理解與安慰。但另一方面，我們也會製造大屠殺、讓數百萬人無家可歸。在豐衣足食的國家隔壁，有飢腸轆轆的地區；許多人在街上餓死，我們卻袖手旁觀。

我們深信善良的價值，卻不擅長實踐它；各國人民都是如此。

在目前的文化中，我們只從理論去認識善良，卻不懂得去實踐它。這個鴻溝造成世界和個人的苦難與傷痛。心裡想的是一回事，實際做的卻很少，這種情形日益擴大，社會默默染上冷漠這種傳染病，卻鮮少有人願意找出解藥。我們活得孤獨、貪婪又痛苦，與人的隔閡感越來越深，以至於無法思索人類最迫切的共同需求。

美國評論家波普娃（Maria Popova）以希臘文 akrasia（意志薄弱）來點出問題的核心。[1]意思是，這一代的人不習慣聽從理智的聲音，也不去完成該做的事情。我們都知道自己的責任爲何，卻自暴自棄。每個人都知道自己的不足之處，卻決定消極以對。

該如何化解這種差距？於是我開始自問：「爲什麼不停下腳步，幫助正在受苦的人？」在日常生活中，我沒有好好把握行善的機會。我明明幫得上忙，卻假裝沒看見。我應該努力實踐信念，因爲如果情勢倒轉，我也希望別人來幫我。

當然，有時我們眞的沒辦法停下腳步：得趕去探望生病的家人、上班快遲到了或有些重要的活動非得準時參加不可。每個人都有身不由己的時刻。在大多數情況下，人們會放棄行善有三個主要原因：

1. 沒有能力：不知道怎麼做，就乾脆逃避好了。再以健身房為例，有許多器材我完全不會操作，所以我委屈自己只做熟悉的三種運動。同樣地，如果我不擅於表達善意和溝通，就會避開人群，只做感覺自在的事情。同樣地，鮮少培養同理心的人，就不會想去傾聽朋友的傷心事。

2. 沒有安全感：害怕的事情就不想嘗試。每個行為都有風險，哪怕是展現同理心也一樣。對方會覺得很尷尬，認為你太雞婆了，所以把你推開。更慘的是，他還會恥笑你，讓你覺得自己一無是處。教人洩氣的是，你越在乎，內心就越容易受傷。付出真心，就一定得面對被拒絕的痛苦。有時，我們會擔心自己越幫越忙，或怕路人指指點點，所以不敢停下來幫助有需要的人。

3. 沒有決心：不想做的事情，就會找藉口避開。疲憊、忙碌、操勞、情緒低落、肚子餓等，各種身心狀態都會影響我們行善的動機。生活中有許多難題，還有永無止境的待辦清單，所以我們不會主動去幫助別人，只會做舉手之勞，表面上展現心意就好。畢竟身邊的事情那麼多，每一樣都令人焦頭爛額，哪有心力去管別人呢？

在深思過後，我發現阻撓自己行善的原因都有一些明確的共同點，除了上述三個「沒有」，更大的阻礙都出在自己身上。

《泰晤士報》有個令人回味的創舉。他們曾在頭版大大地印上：「世界出了什麼問題？」我相信大家對此都有很多想法，有些人甚至能發表長篇大論，或是懇切地上街頭宣講。

對於這個大哉問，在二十世紀初，多產的作家柴斯特頓（Gilbert Keith Chesterton）的答案簡單又有力：「我，柴斯特頓，就是問題的根源。」

行善是一項挑戰，而柴斯特頓的回答說明了一切。我沒有停下來幫助路人，問題出在我自己身上。想展現深度的善意，「我」就是頭號要解決的問題。因此，行善最大的阻礙就是自己。

在生活當中，各種問題都要謹慎衡量，行善也是。舉例來說，若朋友向高利貸借錢而負債累累，你就很難幫上忙了，只能把行善的機會讓給更有能力的人。你唯一能幫上忙的，就是請他向外求援。同樣的道理，當你陷入困境時，也要主動尋求協助，學著接受他人的幫助。

再回到健身房。每個人的狀態都不同，所以得選擇適合自己的健身計畫，既能配合目前的體力，又要提供足夠的挑戰，督促我們達到目標。

而我有個高遠的目標：我希望處處可見良善的事情，但不是小小的善行，而是深度的善意。憑著這樣的決心，世界才會進步，而不會回到諾耶蜜遭遇的恐怖時代。因此，光是口頭上喊「自由、平等、博愛」沒有用，得實際去尋找各式各樣的資源，才能達到這個目標。

下次你再看到水杯，希望你能想到諾耶蜜。水是人類最基本而不可或缺的生活資源，自由也是，人人都應該享有這種普世價值。但願你受到啟發，以實際行動追求深度的善意，而不只是表達禮貌和做些舉手之勞。

這是個非常龐大的工程，我們必須承認自己是問題的根源，也能找到潛在的解決方案。唯有從自己先做起，才會處處可見善良。

# 3

# [ 培養行善的能力 ]

幾年前，我和電影導演巴爾多尼（Justin Baldoni）討論到同理心。巴爾多尼是個體貼的人，也是活力十足的行動家。他會用自己的影響力去做善事。他製作了跟性別議題有關的網路節目，拍攝電影來記錄囊狀纖維化病友，並且在洛杉磯的遊民區舉辦交流會。他擅長結合各種資源，邀請各方賢達來共襄盛舉，以促進人際交流、推廣正向的價值。

他談到，「人」這個詞彙在阿拉伯語中有「忘記」的意思。這個概念有點難理解。我們生來有能力做善事並活得有意義，但隨著時間過去，世界迫使我們忘記自己的本能。想要回到有覺知的生活，就要重新學習那些技能，並且密切關注已然存在卻又容易忽略的事物。而所謂的頓悟，就像你終其一生在世界各地尋寶，回家後才發現珠寶就埋在院子裡。

孩子總是讓我驚喜，他們多麼有智慧啊！我有個四歲的鄰居，他偶爾會情緒激動，但他天性樂觀、好奇又有同理心。他看得出我心情低落，也總是大方邀請同學來家裡玩，分享他最新的玩具。

這位小鄰居不會批判自己或他人。他的塗鴉令我發笑，而他也跟著笑。我難過時，他也會表現出擔心的樣子。

但隨著時間過去，當我們一回頭，才發現這些特質消失了。這時唯有透過自己的練習與覺知，才能一一拾回。

人類原本就具備了同理心以及相關的社交技能。我也很篤定，每個人從小都有顆開放的心，樂於學習、創造和冒險，也總是不吝於鼓勵和關懷他人。

就實際的層面來看，人生多數技能只要願意付出血汗、淚水就能獲得。當然，我們也希望過程中多少能帶來一些快樂。

同理心也一樣，只要願意努力，無論你到幾歲，都能改善對人的體貼程度。這不是被動的改變，也不用仰賴運氣。一般來說，在社會化的過程中，我們的傾聽技巧和換位思考能力會自然提升。但想要提升同理心，打造深度善意的基礎，你必須有意識地、有系統地不斷練習，才能有所成長。

建立關係與鍛鍊肌肉有許多相似之處。健身房有上百種器材，可以鍛煉全身各個部位。而在我家附近的金牌健身中心（Gold's Gym），人稱「健美聖殿」，而魔鬼終結者阿諾．史瓦辛格每週都那裡去健身。

每次一進去，我總是盯著那些器材，不知該如何下手，身邊都是模特兒和大明星。他們穿著能展現身材的緊身上衣，但我穿起來卻很寬鬆。

先不論其他的優點，光是進到這間健身房，就能學習謙遜。那麼想想看，以健身器材來類比，阻撓你行善的原因是什麼？

眼前有一百種器材，你應該使用哪幾樣：最常用的那三台，還是很少用的九十七台？

我們喜歡往已知的事物靠攏，不太熟悉的器材就少碰。所以大家一進健身房，就會走向自己常用的器材，除非要有教練或朋友教導。

同樣地，想要行善，你必須具備相關的技能，缺少任何一項的話，就反而可能幫倒忙。舉例來說，你得有高度的同理心，才知道朋友當下的需求。

有時朋友不需要空洞的安慰話語，只需要有人理解他的處境，陪他一起難過、面對傷痛。你要有傾聽的能力，並爲他騰出一塊放鬆的空間。情況嚴重的話，你還得知道要找哪些專業人員來幫忙。

有些人總是在有意無意間忽視內心的傷痛，也不懂得傾聽，所以他們習慣選擇袖手旁觀，即使他們知道該出手幫忙。

逃避某項運動器材，就會把力氣花在另一項上。手機這麼普遍，我們在網路上與人互動的技巧也越來越嫻熟，所以不想與人在現實中交流。排隊或走路時，我們寧可埋首於數位裝置中，也懶得花時間和周圍的陌生人寒暄。在日積月累下，我們打字的功力越來越高超，但交談的能力卻逐漸退化。

我們需要培養許多社交技能，才能有效地展現善意，讓彼此的日子過得更平順。有時我們得跨出舒適圈，讓自己面對挑戰，才能鍛煉到身體較弱的肌肉。也就是說，有足夠的心智力量，才能幫助有困難的人。

我們想做善事，但總是心有餘而力不足。

# 第八章 除了「不錯」，你還可以說出更有意義的稱讚

最有意義、有技巧的讚美方式，就是看到對方的優點，挑選適當的字彙，並放下身段，勇敢說出對方的優點。

我最近去洛杉磯的某間高中演講。校方在寬敞的體育館中，連續舉辦兩場活動。但舞台中間兩個螢幕都很小，而且訊號斷斷續續的，我的投影片沒辦法完整呈現。

在這種狀況下，我非全力以赴不可。高中生才不在乎你是誰、打哪兒來，昨天去哪個大會演講。他們搖搖晃晃地坐在看台上，全身上下都不自在。如果演講一開頭的三十秒內容很無聊，他們就會拿出手機，在彈指之間連上全球各地的網站。對

講者來說，這場演說會變得十分漫長，因爲無人傾聽，彷彿在自言自語一樣。

所以我直接切入重點，馬上引用「熱狗座位」的故事，並強調知易行難的矛盾之處。我焦急地從左邊看台走到右邊看台，大聲疾呼：「世界還不夠美好，我們要努力體現善良的價值，學著善待彼此。」

有些同學點頭表示同意，有些人覺得無聊。我推廣這個觀念十年了，很快就能看出現場有多少盟友。這個世代每天都在接收排山倒海而來的資訊。他們都心知肚明，上一代做出許多腐敗又自私的決定，把世界變得這麼混亂，還把禍害留給下一代。因此，當我在台上疾呼「世人應該更有同理心」，同學就會開始點頭；只要點到關鍵處，他們的熱情就會被點燃。

我完成第二場演講時，全身冒汗、略感疲累。多數學生已經自動起身，排隊走出體育館，準備回課堂上課，繼續面對苦悶的課業。大家應該會馬上忘記我剛剛分享的內容，這是我不得不接受的現實。他們每天接收大量資訊，我的故事不見得能留在他們腦中。

但每次我總會拉到幾個鐵粉。出於某些原因，我當天分享的觀點正好打中他們的心思。這些人正在懸崖邊，而我的演講彷彿是一聲安心的呼喚，提醒他們慢慢走回安全的地點。

有幾位同學在會後留下來跟我討論，因爲他們需要有人傾聽自己的心事。這是我跟他們的緣分，也或許他們只是碰巧有所感觸，又搞不好是天意。總之，我的故事在正確的時刻與他們交會。他們珍貴的分享與回饋帶給我許多啟發，讓我覺得很有成就感。

我和學生聊了十分鐘後，有個長髮男孩走過來，他的背包背帶極長，看起來很隨性。他故意放慢說話的速度，彷彿像今天穿錯衣服一樣：「嗨，我朋友說你很無聊，他一定沒仔細聽。我覺得你講得不錯啊！」

這段讚美的前半部我很想假裝沒聽到，但這孩子等那麼久，只爲了跟我說一聲：「你講得不錯啊！」眞是令我五味雜陳。

我從小就是沒有安全感的人。我努力當個乖寶寶，追求優異的表現，好博取長輩的疼愛。而這位長髮同學那句婉轉的讚美，讓我既感窩心，又有些糾結。

我的不安全感開始發酵：爲什麼他的朋友認爲我很無聊？有多少同學在現場聽不下去了？我投身這個志業已經十年，是不是江郎才盡了？這位同學何必等那麼久，只爲了說我的演講「還可以」？

自我懷疑不是地洞，而是一把通往深不見底之處的梯子。不知爲何，就算往下看是一片駭人的漆黑，你還是想知道深處裡有什麼，於是一階一階往下爬。

幾個月反覆思量後，我憑著樂觀的態度，才釐清思路、走出深淵。我的結論是：那句話是長髮同學唯一能擠出來的好話。

表達善意有許多方式，其中之一就是讚美、肯定或欣賞他人，而且有大量的詞彙可以用。不過，學校跟家長很少教授「友善溝通」的技巧，人們往往認爲讚美不重要，隨口講幾句好話就敷衍了事，例如「做得不錯」或「謝謝幫忙」。

我要特別指出，溝通方式有很多種，讚美他人身上穿的毛衣是一回事，感激某人改善你的事業或生活，又是另一種技巧。稱讚同事的笑容要有技巧，而謳歌生命的詞彙要有美感。在不同場合，知道該說什麼、該用哪些詞彙，而且還要讓對方能接受……這其實是一門學問。

在某些時候更是攸關生死。

友善的話語能救人一命，這些故事並不少見。在關鍵時刻，聽到恰如其分的讚美，絕望的人也許會改變心意。不管是自己或身邊的同事、親友，都希望受到重視、被人理解。有時我們會覺得全世界都在跟自己作對，內心快被絕望淹沒了，而那些良善又有意義的話語，就足以成爲救生筏。

因此，如果你不知道該怎麼安慰人，就不會主動去做這些事。沒有人喜歡無言以對的感覺（除非是面對壯觀或令人敬畏的事物）。好友或親人向你傾吐心事時，我們也不想承認自己詞窮了，因此更不會對陌生人表達關心。

唯有培養友善溝通的能力，我們才能在各種情況下滿足他人的需求。

## 行善的第一步：多多練習獨特、有意義的讚美方式

學著讚美別人，培養必要的溝通技巧，就能隨時有效地表達善意，而且這個練習不花你半毛錢。可惜的是，我們的文化不把讚美當一回事，而是簡化成像隨手做環保一樣的瑣碎小事。每個人都會說一些陳腔濫調的感謝詞，而賀卡上也都是千篇一律的短語；這些都是碎紙花般的善行。

我認為，這些大量生產的「善意」話語和商品，意義不明確又無趣。言語很重要，可以激勵大衆，也能讓人心碎；療癒和傷人的機率各半。「說好話、做好事」的書籤、「你是我的陽光」T恤以及各種祝福賀卡都很好，能讓人精神為之一振，但效果很有限，頂多持續一週，更不要說用來挽救他人的性命了。

基本上來說，最有意義、有技巧的讚美方式，就是看到對方的優點，挑選適當的字彙，並放下身段，勇敢說出對方的優點。

這是人人都該鍛鍊的技能。

在他人最需要時，找到適合的話去鼓勵他，這就是善意的力量。真心加上說話的技巧，就是最完美的組合。每個人都可以創造出情意綿長的「深度善意」。

以下是我收過、令人難忘的讚美詞：

- 「你演講時，我的眼前一片天藍色，而這也是我對善良的感覺。」
  ——有「聯覺」能力的高中女生
- 「大人們不願談論那些事。謝謝你說出來，並願意展現自己奇怪的一面，讓我覺得自己並不孤單。」
  ——華盛頓的某位高中生
- 「你心地善良，說話又很有技巧。我喜歡待在你身邊，跟你討論許多問題。跟你相處很愉快，令人如沐春風。」
  ——我最好的朋友
- 「參加你的課程後，我改變多年來教導孩子的方式。你播下的種子改變了許多人的生涯，包括我在內。你的影響有多深遠，恐怕連你自己也不知道。」
  ——蒙大拿的教育工作者

● 「你是個有才華的演說家，又有服務的精神。」

——我的恩師

想想看，培養讚美技巧之後，你的生活會改變多少。以前，不管是想稱讚家人或同事，你只會在便利貼上寫「不錯呦」。現在你會寫卡片或打電話給對方，詳述他如何改變你的生活。這就是獨特、貼心的讚美方式。便利貼只能帶來五分鐘的快樂，但接到手寫的卡片會讓我們深受感動。唯有進行有意義的交流，才能展現深度的善意。

## 貼心有深度的讚美

要做出真誠又有力的讚美，就要先看到對方的可貴之處，接著找到合適的詞彙，鼓起勇氣開口，精準表達你看到的美好。

讚美他人的方式很多，可以用有趣又輕鬆的方式說，也寫詩歌頌一番，重點在於表達內心的尊重之意。這樣的練習很有用。除此之外，一定要提出具體而明確的事項，對方才會覺得這番話有意義，並記得更長久。以下七個提示可以幫助你對人表達善意。這個練習分爲兩個部分：先想一下，看到這些例句時，你會想到誰，然後發訊息或打電話給他。空白處請自行填上，以練習一些貼心的溝通方式。

**1. 我所認識最勇敢的人。**

「超級英雄都有特製的戰袍，但你不需要披風或面具，就能＿＿＿＿。上次你幫我＿＿＿＿，我記得當時我＿＿＿＿。謝謝你出手相助。」

**2. 鼓勵我要有自信的人。**

「如果沒有你不斷地＿＿＿＿，我將永遠無法完成＿＿＿＿。因為你，我才又＿＿＿＿，才有信心做＿＿＿＿。」

**3. 喜歡在雨中跳舞的人。**

「你熱愛自由又隨性，不會介意＿＿＿。你勇於冒險，敢去＿＿＿。你的＿＿＿總是帶給我啟發，感謝你把我當成＿＿＿。」

**4. 最溫暖的人。**

「你的安慰就像＿＿＿。我覺得自己像被＿＿＿保護著。你的話語勝過＿＿＿。」

**5. 我所認識最善良的人。**

「感謝你的＿＿＿。你那善良的一面，讓我的人生變得更＿＿＿。因為你，我現在才＿＿＿。」

**6. 我所認識最熱心公益的人。**

「世界有這麼多不公不義的事，你卻一直保持＿＿＿。我非常敬佩你的＿＿＿，每當我想到你＿＿＿，總會受到激勵。這個世界需要更多＿＿＿，以及像你一樣的人。」

**7. 我最貼心的好友兼聽眾。**

「還記得那次我們＿＿＿。我永遠忘不了你＿＿＿。每當我想起＿＿＿，我總是笑個不停。」

這些人都值得好好讚美一番：精心挑選你的字彙，用最貼心的方式表達出來。除了「不錯呦」，還可以用更精緻的語言去展現愛與敬意。

**世界所需要的善良 ♥ 獨特而用心的讚美**

培養這種技能，你就能欣賞每個人的獨特天賦，並且清楚地告訴對方，這種特質對他本人或世界非常重要。天生的善意還不夠，唯有學習豐富的字彙，才能用細心的話語療癒他人的傷痛，用堅定的鼓勵之聲激發改革力量。有時你只要說出幾句鼓舞人心的話，就能啟發他人的思想，甚至讓社會變得更好。

# 第九章 想法變了，心情也跟著改變

「只要孩子做得到，就會設法做得更好。」

——美國兒童心理學家羅斯・格林（Ross Greene）

我的朋友安妮是出色的兒童治療師，我們某個在週末一起爲了領導力夏令營設計課程。工作完成後，她跟我分享這句話。那個夏令營重塑了我們的思維，對我們的人生產生深刻影響。那是我第一次發現，不管你是否喜歡某人，你都能對他展現關愛。我才明白，所謂的領導力，就是自願服務他人，並把個人的利益放在第二位；你會爲對方著想，而不只是順手關心一下。我們在設計課程時會考慮到，這十五年來社會風氣有哪些轉變，孩子們在哪方面也跟著變了，而課程內容要怎麼調整，才能幫他們面對接下來的難關。

要改變你覺得很有意義的事情，一定會很猶豫不決。許多學員回來擔任夏令營的工作人員。他們希望其他人也能和自己一樣，能得到啟發和成長。然而孩子會改變，所以我們的方法也得調整。

安妮和我花很長的時間討論這些困境。現在的學生比以往更焦慮，心理健康問題也更多。另一方面，如果課程內容隱約地夾帶了傳統的性別與種族觀念，學生很快就能看出來，並加以反擊。他們的專注力比較差，但想法比較有深度。

我們也發現，老師在課堂上也越來越難駕馭學生。他們的任務是教授某個學科，不一定懂得因應學生的干擾行爲。老師主要的工作是有效克服這些困難，爲學生創造良好的學習空間。我們在營隊的職責也是如此。其實，對教育工作者來說，有學生干擾上課或拒絕配合的話，教學的成效就很差，更遑論三十個青少年各有各的問題。

安妮說，老師不要因此感到沮喪或生氣，而是要期待學生能發揮潛力：「如果孩子做得到，就會設法做得好。」

兒童心理學家格林博士的意思是，我們往往以爲孩子「想做就做得好」，也不時抱怨，孩子會有問題行爲，就是想博取關注、操弄他人，或是出於懶惰。格林卻認爲，這不是孩子願意的，而是他們學不會自我管理。這又回到同一個問題：「是什麼阻撓了我們變得更好？」格林歸納出兩個主因：能力發展不足和無力解決的問題。[1]

在許多問題行爲的背後，潛藏著孩子的學習障礙。他們還沒有處理各種問題所需的社交或情感技能，也沒有相關的知識，所以只知道用手邊有的辦法去解決，也就是憤怒、哭泣和逃避。孩子的行爲都受制於內在能力發展不足，正如同大腦沒有鑰匙，只好用鐵棒來撬開大門，或乾脆不進門了。

在生活中，孩子總會遇到那些無法解決的外在問題，包括人際關係、課業等。他們很容易感到不知所措、難過與困惑，並讓情緒主宰自己的行爲。

對於格林博士的建言，我想做個小小的更動，也就是改成：「如果我們做得到，就會做得好。」

現代人很少參加成年禮，大學也沒有人際關係學分，讓你去學習社交和情感技能。因此在你出社會後，先前尚未解決的問題又出現時，就很難迎刃而解。

每個人都有發展不足的能力和無力解決的問題。當我們的所作所爲跟理想中的自己不合時，原因都是跟兩個討厭的障礙有關。

你身邊一定有些人混帳到極點，但後來才發現他們當時正經歷人生的困境。那個老是遲到早退的同事，原來他的父母罹患重症，只能利用上班時間處理保單或尋找合適的安養院。隔壁那位討厭的同事已經第三次流產了，而且連寶寶的名字都取好了。某個已婚同事總是在聚餐時談笑風生，但她先生卻有家暴傾向。這些人都不知道該如何處理生活的困境。

格林博士在其著作《失物招領：幫助有問題行爲的學生和一般大眾》（*Lost and & Found: Helping Behaviorally Challenging Students (and, While You're At It, All the Others)*）中提到，能力發展不足是世代差異與缺乏教育的必然後果，而且沒有特效藥可補救。如果你的家人缺乏「情緒調節」技能，那你就沒有學習對象，不知該如何掌握自己的心情。

而學校又沒有上這門課，等到你成年後就會發現，自己沒有能力去處理情緒問題。

心理學家蔻爾（Pamela M. Cole）解釋道：

所謂的情緒調節，是以社會可接受的靈活手段，去回應自己各種情緒上的需求。此外，還要能視情況所需，延遲身心的反應。有這種技能的人，在必要時，能主動去約束或改變當下的身心狀態或行為，包括主觀體驗（感覺）、認知反應（想法）、生理反應（心跳或荷爾蒙分泌）以及跟情緒有關的行為（肢體動作或表情）。[2]

簡單說，要成爲兼具理性和感性的人，需要各式各樣的心理技能。如果你始終沒辦法處理自己的情緒問題，就難免會做出對自己或他人不利的言行。

心理治療師、神經生物學家和心理學家等專業人士，都致力於解釋和理解人類調節情緒的能力，圖書館也有大量的相關書籍。人類是有情感的動物，少了關鍵的調節能力，言行就會不由自主地受制於情緒。

再強調一遍，每個人都想當好人，但有時卻心有餘而力不足。人生未解的問題有很多，得找到精良的心理工具才能解決，否則你的所作所爲就很難符合自己的理想。

「如果我們做得到，就會做得好。」既然如此，我們得虛心受教，設法學會新技能來改善現況，而不是消極以對。而教育人士有責任教導大衆如何調節情緒。只要大家「做得到」，社會便能變得更好。對於可以規劃人生的成年人而言，更有義務反思自己的能力，並運用現有的技巧，務求改善自己「做得到」的事情。

## 世界所需要的善良 ♥ 高情商

做事深思熟慮，並能隨時掌握自己的情緒。無論你有什麼感覺，一定要以善良爲出發點，且對象不限於跟你想法、言行相似的同溫層，也不可以只對你喜歡的人好。行善不可取決於你稍縱卽逝的心情。唯有時時練習，才能培養出眞正的同理心，而不是矯情演出、做做樣子。

## 調節情緒的三種練習

人的情緒世界是由數以百萬的訊息以及各式各樣的經驗所構成。有些人在童年經歷某種創傷，所以很容易對某件稀鬆平常的事情感到不知所措。以我來說，只要一被冷落（無論是生理或心理層面）、受到忽視，我就會感到很不安，且出於某種本能，我就想接掌大局，並一心想博取關注。然而，這種潛意識的反應，對任何人都沒有正面效果。

學會調節情緒，我們便能更有自主權，否則就會受制於心情，讓目前的狀況和過去的創傷主宰你當下的決定。培養這種能力，就能為自己保留考慮的空間，並根據自身的價值觀而非怒氣做選擇。被人傷害時，你可以選擇「以德報怨」；感到不知所措時，你可以向人求助，而不是走上自毀的道路。接下來會介紹幾種調節情緒的方法。

## 正念

透過這個技巧，你能主動觀察當下的身心狀態，包括你的想法和感覺，而不去判斷是好是壞。比方說：「我正坐在椅子上」、「我心情有些許波動」。覺知自己的身體和心靈，並管好那個顛倒是非又愛喧嘩的自我批評之聲。

今天就試試以下介紹的兩階段冥想法：

1. 在家裡找個舒適的位子坐下。注意自己當下的想法，但不要貼標籤或加以批評。在五分鐘內，全心觀察每個念頭。最後，用不帶批判色彩的語句寫下三個剛剛出現的念頭。

2. 散步五分鐘，在心裡描述外在的事物，但不要加上形容詞或其他概念。不需要說「好美的樹」，而是客觀地觀察它的外貌。也許你會發現平常遺漏的細節。回家之後，用不帶批判色彩的文句寫下三件剛剛觀察到的事物。

透過這個練習，你就能試著放下執著。從另一方面來看，你也能變得更溫柔而堅定。放不下失望、憎惡的心情，你就會變得冷漠，覺得事事都不如己意。我們每天都在想，某件事應該如何進展、某人應該怎麼做，把自己擺在第一位，因此老是覺得挫折、氣餒。事實上，我們只能主宰自己的想法跟決定，因此無須對別人有不切實際的期待。

**認知重構**

心理治療師康西克（Arlin Cuncic）指出，當事人若能重新闡釋遇到的情況，就能有效調整自己的情緒反應。[3]舉例來說，當我們覺得被人傷害，就會疑神疑鬼，把對方的一舉一動當成針對自己的攻擊行爲。出於本能，那個自我保護的聲音會告訴你，對方的所作所爲，是因爲他不喜歡你、看不起你。捏造這些故事，你才能說服自己有理由生氣和難過。每次我們感到受傷時，就會變成頑固的檢察官，不斷提出證據，試著證明對方就是頭號兇手。而認知重構就是憑著客觀又寬容的態度來設想另一種情況，告訴自己，也許事情不如我以爲的那樣，對方並沒有打算撂倒或傷害我們。

因此，當你看到朋友「已讀不回」時，不要猜想對方是否討厭你，而是體貼地想到，對方可能忙不過來。當你沒收到朋友的聚餐邀請時，也不要想自己是否被排擠了，也許他們這次有要緊的事情要討論，以後就會再找你吃飯。

試著寫出你最近覺得很受傷的事，包括你對這些事情的負面描述和痛苦心情，然後列出三種可能的新詮釋。你可以用最客觀、平淡的方式去解讀，但也可以用天馬行動的角度去想像（對方不跟我說話是因爲暗戀我）。

這些新詮釋也許有點誇張，但不是毫無可能。重點在於，從不同的角度看待事情，就不會覺得別人老是在針對自己，而人生道路就會突然變寬廣，也不再那麼自我中心了。

## 深入理解情緒詞彙的意義

內疚、羞愧、尷尬、憤怒、失望、惱怒和沮喪……你能分清楚這些情緒的細微差別嗎？雖然這是語言定義的問題，但這些情緒會引發你不同的身體反應，進而影響你做出的選擇。搞懂這些詞彙的意義與區別，你就能處理相對應的情緒。

假如你討厭某個人，不妨試著去揣摩對方的心情，而不要在意他們的言行。也許你覺得他是混帳，但他也有痛苦和不安的時刻；也許你覺得某個人是自私鬼，但他們也會怕被冷落而覺得寂寞。

這些評估不見得正確。然而，我們有時的確能察覺到對方的心情，進而同理他的行為。我們會對某些行為很反感、想跟對方保持距離，但其實我們也會做出類似的事情。在醜陋的行為背後，總會有些原因，勇敢承認你也會犯錯，就能提升自己的同理心。

你一定很討厭身邊一些人，有時是因為他們讓你感到沮喪、煩惱和痛苦，或者你無法認同對方的行徑。就算如此，他們還是值得被友善對待，你還是可以對他們發出深度的善意。當你學會判別、調節情緒，就會有自主的選擇權，而不會隨著心情起舞。有了這個得來不易的能力，下次當你感到憤怒、受傷或嫉妒時，就可以問問自己，你是否願意放自己和對方一馬？

# 第十章 同理心：陪你一起淋雨

「只關心自己、放大個人的問題和心事，世界就會變小。相對地，焦點放在別人身上，世界就會擴大。把個人問題推到心靈的角落，我們就有更多空間與人交流，也更懂得發揮同情心。」

——暢銷書《EQ》作者丹尼爾・高曼

二〇一二年，我去海地協助兩個了不起的朋友：約翰和梅琳，他們創建了非營利組織「海地夥伴」，要透過教育來改造海地社會。當時他們準備迎接第一批三、四歲的幼童，而學校就建於貧窮又缺乏資源的巴沃伊薩。他們希望這間學校可以凝聚社區的力量，並成為海地教育界的中心，但需要當地民眾的協助，更要依靠有心又有力的企業。

在二〇一二年之前，我去過的國家都不像海地這樣缺乏資源。我穿著亞麻褲子，戴著紳士帽走下飛機，很快就看到這裡的矛盾之處：快樂和悲傷同時並存。人們住在殘舊的混凝土建築裡，物質條件很差，但有空就會跳舞，臉上總是面帶微笑，非常友善。我發現，這裡的環境依然充滿生機，但大地震的災難依然歷歷在目。車子駛過太子港時，眼中所見的悲慘畫面，令我震撼不已。以前只透過螢幕認識海地，看到令人難過的新聞畫面時，直接關掉電視就好了。但眼前的這一切卻是立體呈現：兒童和小動物在垃圾堆裡覓食，貧民區擠了成千上萬的人民。

我們開了一小時的車才抵達約翰和梅琳的家。一下車，二十個孩子的美妙歌聲迎面而來，雖然我聽不懂，但我能感受到當中的熱情和善意。

「海地夥伴」有各種偉大的社區重建計畫。他們組織了一個合唱團名叫WOZO，是由五到十八歲的孩子所組成。在海地的克里奧爾語中，WOZO的意思是「蘆竹」，因此合唱團的座右銘是：「我們能屈能伸，屹立不搖。」

韌性是這個地方最充沛的精神資源。

約翰和梅琳的孩子分別是五歲和九歲。他們跑到屋外，對於之後即將發生「大事」非常興奮。幾天後，WOZO要上台表演，參加服飾公司「美好人生」（Life Is Good）主辦的一系列演出。這場演唱會將在大城市的大公園舉行，所以是大事。

星期六「大事」發生的那天，WOZO一上場，就準備嗨翻全場。戶外溫度超過三十八度，濕度高到光站著都會滅頂。巴士遲到了三小時，可以想見車裡的孩子們有多熱了。

坦白說，稱那部車子爲巴士是誇大其詞，應該說是十二人座的廂型車。二十多名學生擠在車上，沒有空調，熱到腦子都快被煮熟了。車子沿著蜿蜒的鄉間小路，行駛一個多小時才進入城市。

合唱團抵達後，孩童們才知道，因爲整個活動時間拖延，他們的演出硬生生被縮短時間。他們依舊興致勃勃地換上表演服裝，上台盡情歌唱。我不知道他們在唱什麼，但這不重要，他們的熱情感染了全場。

演唱結束後，他們魚貫下台，遠方的雷陣雨逐漸逼近。孩子們回到廂型車，而當中有六個學生跟我坐上約翰的休旅車。他們一坐上車，大雨立刻傾盆而下。

海地的雨一點都不溫柔，而是像海水倒灌一樣。街道很快就淹水，我們開了一個多小時才回到巴沃伊薩。雨勢猛烈，雷就像打在車裡。有一次雷聲特別響亮，後座一個五歲女孩開始哭泣。我很想安慰她，但我不會說當地的語言。

但我不必開口。當我轉身時，其他女孩已經抓住小女孩的手，開始唱歌給她聽。我聽不懂歌詞，但我聽得出安慰和憐憫的聲調。

我們終於抵達第一站。約翰跳下車，打開後車門，扶一個女孩下車。有個哥哥在大雨中等妹妹。他們互相擁抱了一下，約翰上車，我們前往下一站。我後來才知道，有些女孩得走超過三公里的路程才能回家，而且還不是柏油路。

我們又停了五次，約翰每次都下車扶她們，親自送到家人身邊，也一定打招呼、擁抱，確保女孩安全離開。

最後，車裡只剩下我們這一小組人。約翰每次下車都淋得全身濕透。

我想安慰他，因此手放在他的肩上：「約翰，辛苦了！」他的兄弟傑西也故作輕鬆地說：「如果這種事發生在美國，我們早就去告主辦單位了！但我們在這裡只能假裝寬大爲懷。」

我繼續安慰約翰：「今天是個大日子，但每個環節都出錯了。看看你！你渾身濕透，像落湯雞一樣。」

約翰轉身，咧嘴微笑，雨水從他的睫毛往下滴。

「休士頓，今天是這些孩子人生最美好的一天。他們和我擁抱道別時，我看到他們的笑容，感受到他們的驕傲。至於這場大雨？如果他們想要，我願意陪他們在雨中站一整晚。」

有時，人的善意悄悄浮現，就像一輛濕漉漉的休旅車駛上山坡。

長久以來我都認爲，培養同理心是個複雜的大工程，個人必須經歷許多痛苦，才能同理他人的苦難。但在那個滂沱夜晚，我才想到，在日常生活中，人們有三種互動方式，而且每一個都影響深遠：

無動於衷：我只想保持乾爽，不在乎別人是否淋濕。

同情心：傘給你，希望有幫助。

同理心：一起站在雨中。

我永遠也不能完全體會海地人所承受的痛苦。他們時常在面對嚴重的天災，每天只靠一、兩美元餬口，穿著別人的舊衣服，家人因爲小感冒就會逝世。爲了上學、取水，他們得走上好幾公里。這些我都沒有經歷過，但我知道渾身濕透的感覺；即使只有片刻，也許就已足夠。即使你不能完全體會對方的傷痛，也能陪伴他們，聽他們的訴苦。不要袖手旁觀，也別試圖解決問題，只要跟他並肩坐著，加以傾聽、擁抱。這就是同理心。

《活出意義來》作者、納粹大屠殺的倖存者弗蘭克（Victor Frankl）說，苦難就像氣體，無論放在哪個容器中，都會充滿裡面的空間。因此對十二歲的少年來說，父母離婚的難過，雖然遠比不上母親因流感去世的傷痛，但兩種經驗都令人難以承受。

我們只能了解自己經歷過的事，因此，我們對痛苦的體驗便受限於個人觀點。我只能用自己經驗過的苦痛，去類比你所承受的煎熬與折磨。

站在雨中也是另一種「善行」。你犧牲了時間、體力、舒適感和自尊，只爲了與對方度過傷痛。

因此，那天的「大事」，不是公園裡的那場演唱會，而是那些女孩在後座唱歌，並且在雨中擁抱約翰。

## 練習同理心

同理心是現代上班族最需要的技能，這麼說並不是毫無根據。在自動化的世界裡，收集資料、安排作業程序，全靠電腦就好。但要解讀資訊內容，並理解客戶的願望、需求和感受，就得靠人工作業。

我的朋友芭芭拉．格魯納（Barbara Gruener）擔任諮商師多年，拯救無數受苦受難的人，她說同理心就是行善的理由。深入了解一個人，與他一起感受喜怒哀樂，就能清楚察覺他們的難過和需求。唯有透過深度的善意，我們才能療癒對方內心的創傷。我們不是高科技的全自動按摩椅，而是敏銳又體貼的治療者，爲受傷的人施行深層按摩。過程中，我們會詢問不舒服的部位，並以熟練而謹慎的手法去化解痠痛。

前面提到，善良有各種類型：禮貌、碎紙花般的小小善行和深度的善意。同理心也可分成不同的程度。若沒有碰觸到對方的核心觀點，那就是只用到「淺層同理心」。這也不是壞事，只是我們的善行無法帶來深刻的效果。

還記得可怕的「桑迪胡克小學槍擊案嗎」？事件發生後，各地的人出自好意（但沒有發揮同理心），寄了數以萬計的泰迪熊到學校。最後市政府只得租個一千八百平方公尺的倉庫存放玩具，在燭光守夜活動中，絨毛娃娃的數量甚至遠超過參加者。

守夜活動的發起人柯爾（Matt Cole）提醒大家：「泰迪熊很棒，但心理諮商費用和喪葬費用才更爲實際。」[1]

唯有發揮深層的同理心，我們才能保持開放的心，以共感與熟練的溝通方式，與對方的靈魂相互融合。約翰千里迢迢送孩子回家，與他們一起感到開心、難過和害怕，更願意跟他們一起淋雨，這就是展現了深層同理心。

有這樣的能力，我們才能發現並理解對方的需求。每個人都有自己的渴望，不輕易向人透露，內容也不盡相同。設法理解並找出對方的需求，就是一種善行。這樣你才能深深地療癒對方，而不是說些表面的安慰話。

許多善行的出發點都很好，其實卻會幫倒忙，所以千萬不可自以爲是。你以爲自己做的事很有價值，但卻不是對方最迫切需要的。體貼的善舉，專心傾聽對方的心聲、理解他的處境，才能做出體貼的善舉。也許他只需要你禮貌的問候、又或許他需要物質上的援助，總之，要有周到而具體的考量，才能確實幫上忙。發揮深層同理心和深度善意，你才能滿足人們的需求，並留下深遠的影響力。

**世界所需要的善良♥細微的觀察**

善於傾聽，才能更有愛心。

## 多多了解各方面與自己不同的朋友

在同理心的工具箱中，一定會有「傾聽技巧」、「情緒覺察」和「換位思考」。在本書當中，我除了要說明大家還有哪些進步的空間，也要提供有效的鍛鍊計畫，幫助大家達到目的。

想像練習潛水的過程。剛開始你只是站著，浪花輕輕地濺到腳邊（淺層同理心）。這時身心還不用花什麼力氣，只要感知海水的拍動就好。接著你慢慢走進海裡，開始游泳。你先在踩得到底的淺水區划水；適應一下水溫，頭髮濕了，還會碰到海草。最後，你揹上氧氣瓶，潛入深海裡！你知道風險在哪，包括設備故障或遇到大白鯊，但你依舊決定去挑戰完全陌生的環境，這就是深層同理心。

人們通常比較會對同溫層發揮同理心，也就是有類似生活體驗或共同信仰的人。我們可以很快認同並理解他們的言行。想要把同理心鍛鍊得更精實，就要多多練習，把對象轉到異溫層。練習同理心就像游泳一樣，越往深水區，越會感到不自在，因此要保持耐性，慢慢進入「深水區」。

以下爲練習同理心的對象。

**不同文化的朋友**

踏浪：請他分享最喜歡的傳統習俗，但不要接著提自己的文化，反而是保持好奇心，繼續了解對方的文化。

游泳：邀請他參加跨文化美食之夜。分享你最喜歡的菜色，也請對方也準備自己的家鄉菜。用餐時可以聊聊這些菜的特色跟吸引力。可以一起料理更棒！

潛水：和他一起參加傳統活動。赴會之前，先請對方解釋當中的慣例、儀式和歷史背景。如果對方也不了解的話，就一起研究！多多參加這些活動。

**不同族群的朋友**

踏浪：與不同群族的人討論善良的定義。對他們而言，哪個善行最重要？哪些人是好榜樣？什麼是他們引以為傲的善行？談話結束後，想想看，你跟他們的想法有哪些不同，而哪些核心概念是相通的。

游泳：了解不同族群的的三個歷史事件，從探索以下問題為出發點。第一，他們的生活因為哪個事件而有所改善，原因為何？第二，他們的生活在何時急轉直下，惡化的程度如何。第三，這個族群的祖先所經歷的苦難和達成的成就，與現在有何異同。

潛水：種族問題依舊存在，這是社會的結構性問題，而教育在當中扮演很重要的角色。深入了解受到壓迫的族群，向身邊的人解釋各項細節，包括探討教育體系是否為共犯。多多參與政治事物與社區活動，以致力於消弭種族差異。

**不同國家的朋友**

踏浪：問問其他國家的人，他們在家鄉都吃些什麼？家庭生活的模式有什麼特色，有特別的商店或假日活動嗎？他們是否懷念祖國的風俗習慣？如果你沒有認識外國人，也可以找移民到本地的第二代或第三代。

游泳：學習十句最常見、最有用的外國話，找個外國人來教你，或者上網看教學影片。這些話最好與情感和同理心有關。

潛水：找個在國外長大的朋友一起出遊。參與一些活動，去體驗異國文化，聽在地人分享家鄉的文化。去美術館、餐館、市場或看紀錄片也行。

除了實體活動外，你也可以和外國朋友一起上網，了解他們的文化、商品、藝術和食物。

**不同性取向的朋友**

踏浪：美國喜劇演員史蒂芬．荷柏（Stephen Colbert）開玩笑說：「性別如同光譜，而我介於脫衣舞猛男和小熊維尼之間。」同樣地，你也可以找出自己介於哪兩種人物之間，並邀請朋友一起來發想。透過這個問題，你們一起聊聊自己的性別觀點以及彼此的異同。

游泳：找一些你信任的長者（父母或師長），問他們對性向的看法，想想你與他們的觀點有哪些不同。

潛水：閱讀多元性別族群的文章，觀看相關的談話節目，聽他們以前如何探索自己的性取向，以及一路走來所面臨的難題。不妨找有類似煩惱的人一起觀看。

**不同信仰的朋友**

踏浪：請他們介紹自己宗教的優點跟吸引力，解說原因。請他們分享自己信教的心路歷程，以及過程中所面對的困難或疑慮。

游泳：找一位朋友進行意識形態上的交流。兩人都要寫下各自信仰中最重要的五件事或想法，然後找一篇最能彰顯教義的文章。分享彼此的閱讀清單，看看有什麼共同點和差異處，但不可批判對方的教義。

潛水：就像去吃自助餐一樣，挑選三個你想進一步了解的宗教和場所，參加相關的儀式和活動，親身體驗一番。但記得要告訴主辦人自己的來意。活動結束後，想想看有何讚賞之處。

# 第十一章 放下防備、勇於表達關心

「有美感、有紀律、有勇氣承擔風險、說真話，還願意犧牲自己，這就是最高尚的人。諷刺的是，這些美德也會讓他變得更脆弱，更容易受傷，甚至被擊垮。」

——海明威

有時我擔心自己會變成機器人。我耗費許多時間思考別人的情緒問題，反而沒有注意到自己的心情。只以理性去探討情感方面的議題，或是只用理論去分析各種感受，就像隔靴搔癢一般奇怪。

我知道自己有些地方不對勁，但就是無法解決。

在演講生涯最繁忙的那幾年，我爲自己打造了機械化的工作模式，除了舟車勞頓外，還要不斷宣講同樣的主題，並大量傾聽他人的告解。七年內，我走遍六百多所學校，一上飛機就睡著，身心非常疲憊。有時在五天內就要橫跨五個州，光是漫長的通勤時間就令人沮喪，還得重複演講同樣的內容，令人快要崩潰了。

別誤會，我當然很喜歡自己分享的內容，也很感激學校給我機會，讓我講述這些別具意義的故事。我只是受不了一成不變的自己。我想繼續拓展事業，但覺得被困住了。人們付錢請我發表類似的演講，但內容我已講過幾百次了，沒有發揮創意的空間。體育館裡總是擠滿一兩千名中學生，校方花錢請我從華盛頓州、愛荷華州或佛州（看我前一晚在哪裡）飛過去，我當然要提供最精采的演講，也就是我實驗過許多次的那些內容和橋段。

我只好繼續演講，也總是獲得廣大的迴響。活動結束後，學生都會主動來找我，並表示自己受到許多啟發。這就是「陌生人帶來的安全感」，我在學校只待半天，而且分享許多動人的故事，所以大家都想跟我訴說心裡最黑暗、最醜陋的那一面。畢竟我不認識他們的親朋好友，我就像路過的輪船，讓他們卸除一部分的痛苦負擔。

每個美麗的靈魂都有故事可分享，有些人才十三歲，痛苦經歷已經遠超過其他人一生所該承受的份量。我聽過許多故事：家暴、嘗試自殺，向父母出櫃、分手等，這些人都深感孤獨、自覺古怪、受到眾人的冷落。

我不是訓練有素的心理治療師，所以我暗自決定，自己的任務就是傾聽。我接受這些學生，讓他們知道有人理解、關心他們。我指引他們去找身邊的其他成年人，以接手療癒他們的傷痛。我擁抱他們，讓他們知道有人愛他們。我提供希望，但不提供建議。

我就像是個暫時的朋友、不專業的諮商師，而那些故事在我腦海揮之不去。演講後，我跳上租來的車子開回機場，除了隨身行李外，還多了他人苦難的餘韻。第二天早上，我從另一間旅館出發，開著另一部租賃車，去另一間學校，繼續傾聽教人心碎的故事。

這種週而復始的演說和傾聽工作持續了好幾年，你得不斷強化自己的心志。聽完這些年輕人的故事後，你的心情不能跟著受影響，就像咀嚼食物後不吞下去。你沒有足夠的情感空間去容納這一切。

慢慢地、下意識地，你成了……演講機器人。

想像這個畫面：我熱切地穿梭在各個學校間，講述愛和善良。我不斷強調，不管你內心有多不舒服，你都有能力做出明智的選擇。我用盡氣力在演講上頭，反而失去了自己的眞性情。我告訴大家，善良的人容易受傷，但我反而變成鐵石心腸了。

因此，每當有人問候我的近況時，我老是敷衍地回答說「很好」、「棒極了」，像反射動作一樣。我想大家或多或少都會進入這種自動問答模式。我們都想表現出自己充滿活力的一面，但只能說出這死氣沉沉的答案。其實我們都希望彼此能放下防備，說出眞實的心聲，結果卻困在這種寒暄的牢籠中。

我的朋友艾斯班總愛說，客套話你多講兩次，對方內心就會崩潰。

「你好嗎？」

「不錯呀！」

「你確定？你看來不太好。」

接著你就準備看到對方啜泣、哭鬧、抓狂、崩潰，並說出長久以來的委屈。我們都以爲這樣發洩之後，對方就能完全卸下心裡的重擔。畢竟情緒不宜壓抑太久，潰堤大哭比較健康。不過，我們只是在扮演救火隊，持之以恆的關懷才能療癒對方的傷痛。

而我們自己也總是在極度需要情感交流時，才願意求援。你以爲自己突然說出「我撐不下去了」，就是學會放下防備心與表露情感，但這是出於受害者心態，只是在逃避問題並自我安慰。畢竟當你感到受傷時，很自然會從臨時、熱心的人身上找到慰藉。

在傳統文化影響下，我們很少練習覺察和表達情緒，因此誤以爲只要哭出來，就是充分表達自己的感受，徹底解放自己的心靈。然而哭泣不見得是內心放下防備，可能只是某個點受到觸發，所以情緒激動了起來。但情緒崩潰不等於突破自己的心防，更不代表我們跟對方有情感上的交流與理解，更不會有成長的契機。

想要放下防備，就得達成某種微妙的平衡。既不能像石頭一樣過於冷靜、淡定，也不能情緒完全失控，並過度分享個人的私事。你必須找平衡點，並時時練習，才不會削弱自己善良的一面。

哭泣不一定代表放下防備，但關心就是了。

幾年前，我在華盛頓某高中演講。那次活動是為了紀念金恩博士，而我的演講主題是「愛」。生活中百分之九十九的事情我們都會忘記，但只要有人付出眞心，哪怕是一個小小的舉手之勞，我們都會牢記在心。我想提醒學生，一些日常而平凡的舉動，也會變成難忘的回憶。愛心以及善行就像肌肉，應該經常鍛鍊，才能發揮最大的功效和影響力。

演講進行到中段時，我準備強調重點，以大幅扭轉高中生對「愛」的認知，於是我問道：「愛究竟是情感還是選擇？」右側看台有個高年級男生突然大喊：「誰在乎啊？」

我在心裡默想，最好假裝沒聽見、繼續講下去就好。但現在有太多雙眼睛盯著我，好奇我會如何回應。於是我出招了：「誰在乎？這正是問題的癥結。只有少數人關心這個問題，所以千百年來，在我們的放任下，許多人才經歷了可怕的折磨。當年有誰在乎奴隸制和種族隔離？又有誰全力去阻止盧安達和納粹大屠殺？青少年自殺率升高，校園槍擊事件越來越猖獗，又有誰在乎呢？當我們越來越自私，可怕的事情就會不斷出現。」

每次談到這些議題，我都會激動不已，內心還有極大的挫折感。但我接著繼續說：「問題是，我們說服彼此，不在乎他人才酷。其實我們都是膽小和卑微的人，才會用無動於衷來製造超然的假象。不再有所作為，通常是因為以前曾挺身而出卻失敗了。我們就別再自欺欺人了，不在乎他人並不酷，只是比較容易做到。」

「在乎他人，」我繼續說：「就是將自己暴露在風險中，你可能會遭到旁人的嘲笑、批判或奚落，或是被當事人拒於千里之外。每次發生這種事情，大腦就會發出恐懼的訊號，以試著保護自己。大腦說：『別再做這種事！』因為它不想讓你感到羞恥、無助、遭人批判和無能為力。再怎麼勇敢的人也會聽到大腦發出這種聲音，但只是選擇忽略它。他們不顧內心的恐懼而起身行動。他們選擇付出關愛，雖然那會給自己帶來麻煩和不愉快的感覺，甚至對自己無益。

「付出關懷很危險，你會發現自己脆弱的一面。遺憾的是，想成爲眞正善良的人，就得勇敢放下防備，顯露自己的弱點。因爲在乎，所以才會受傷。但我們集體夾起尾巴欺騙自己。我們對社會漠不關心，卑微又自私地活著。

「誰在乎？當然只有少數人在乎。就算會受苦，他們依舊會做，因爲他們知道，這個世界應該比現在更好。他們知道自己有義務站出來，就算會損及名譽和自身的利益，還是想讓世人更良善、更有愛。

「金恩博士不是有權有勢的王子，也沒被推選爲領導人。他不顧生命危險，選擇走進火海，因爲他知道，唯有關心、在乎他人，才能實現更公正的世界。這條路雜草叢生、充滿荊棘和陷阱，但他還是向前邁進。誰在乎？也許你應該在乎，也許我們都該在乎。」

後來這個搗蛋鬼沒再出聲。

五年後，我收到了他的道歉訊息和一小段話：「嗨，休士頓，抱歉那天說了那句話。我當時很煩悶，因爲碰上許多事情。你做的事情其實很令人尊敬！付出關心眞的很難（我還在學習），但生活眞的有所改變了。我現在知道自己也能關心他人，當時我只是個無知的高中生。」

我的臉書總是充斥著垃圾訊息，但這類短訊就是當中的珍珠。我很珍惜這些信，多年以後再回味那些傻氣的經歷，才發現它們對別人有莫大的影響。於是我受到激勵、更有雄心壯志在這個志業繼續努力。

也許我不是演講機器人。

每個人心中的脆弱有不同的形狀、尺寸。想要打造善良的世界，絕不能靠機器人般地寒暄，或是突然情緒宣洩、大肆談論創傷。想要世界變得更美好，就要主動付出關心，以行動落實自己的理念。我們目前爲止還是不能靠機器人或電腦完成這一切。

### 世界所需要的善良 ♥ 眞正地放下防備

你應該了解到，行善會令人感到不自在，一點都不方便。關懷他人，就是將自己的利益和聲譽暴露在大庭廣眾之下。然而，在你面前的那些人其實都很害怕，內心有許多不安全感。在衆人面前哭泣不容易，表現關懷更困難。

## 放下防備的練習法

付出關懷並不容易，也不是什麼舉手之勞，那個行爲一定要有意義，否則你只是創造出一個行善的假象，而不能眞正幫上忙。不過，雖然有夢最美，但付諸行動卻得承擔風險。

以下有一些關懷的對象，可以幫助你培養深度善意。在往後的一週內，看看是否能有機會多練習，以放下你的防備心。

- **你自己：**試著改變穿衣的風格，就是在放下防備。不管是隆重、輕鬆或時髦的衣著，都是一種實驗。大膽展現你的品味，讓自己鶴立雞群，也許你會願意挺身而出去做更有意義的事情。
- **家人：**打電話給家人，告訴他們你現階段面臨的挑戰。問他們是否有類似的經驗。
- **朋友：**請朋友列出三件你辦得到的具體事項，讓你好好表現一番。你也可以敞開心房，跟他們談談彼此之間的誤會，看看有沒有補救的辦法。
- **社區：**走到住家附近你從未去過的地方，獨自過去，而且不要一直看手機。試著認識一位平常不會接觸的新朋友，哪怕只是知道他們的名字都好。
- **世界：**上網研究一些非營利組織和它們的理念。在社群網站上發表你對這些議題的看法以及你能幫上什麼忙。

主動關心自己、朋友、家人、社區和全世界，很多人會笑你是傻瓜，並批評、攻擊或質疑你的動機。而且，你這些關心的舉動失敗率很高。但記住，嘲笑比付出更容易。面對風險需要有勇氣，主動付出關懷必須有所犧牲。

然而，想要實現深度的善意，就要勇於作夢，爲了更好的結果，其他的風險都要承受。我們在下一章會談到，爲了實現遠大的夢想，可能得付出意想不到的代價。這時你需要用其他的技能去估算得失，這樣才能跨越障礙，實踐善行。

# 第十二章 寬恕是對自己和他人的首要善行

「每個人都有糟糕的一面，但那不足以定義我們的價值。」

——美國人權律師布萊恩・史蒂文生（Bryan Stevenson）

我顫抖地抱著她，這是我們最後的擁抱，我覺得自己很失敗；我辜負妻子的愛，我的婚姻結束了。

這段關係維持了七年，過程像是一場大冒險。經過兩年的密切交往，我們在山頂訂婚，那段珍貴的回憶就放在網路上，像童話故事一樣浪漫又不可思議。一年後，我們在森林裡結婚，在滿月下與兩百五十個親友共舞。三年後，我抱著我所愛的女人，她非常難過，因爲我們的愛情已消逝。

先倒轉到二〇一四年婚禮前一週。我去奧蘭多演講，那場活動對我往後的演講生涯有深遠的影響。那是全國性的學生領袖會議，我使出拿手絕活，希望老師和全州的活動策畫人能聘用我。

那次演講之順利，我做夢都不敢想像。

之後全美的學校和機關不斷邀請我去演講，我足跡踏遍德州、南卡羅來納州、紐約州、新墨西哥州、奧克拉荷馬州。我比以前更忙，活動地點離家越來越遠。而妻子的心就是我的家。

婚前事業總算上軌道，但也註定了這段關係的結局。

在舟車勞頓下，我的健康當然很難維持。我不遺餘力地強調善良的眞諦，所以也得隨時展現出好人的樣子。世人對好人有個刻板印象：笑得燦爛、言行舉止熱情又開朗。長此以往，我反而無法接觸到內心的自己。

我經常覺得自己只剩下一種樣子。我花了許多時間打造迷人的表情和友善的態度，好讓人留下良好的第一印象。

有時我一天得到三所學校演講，每次都像重新展開一段戀情，我要傳達的訊息都一樣，只是對象不同。我必須迅速與聽衆建立某種信任感，他們才會願意接受我，並受到我的故事所感動。這麼多年來，我已經可以快速建立「一日關係」。「一日關係」對聽衆是好事，對伴侶卻恰恰相反。

我對學生傾注所有心力，然後坐進飛機上的熱狗座位、在平價旅館店短暫停留，終於回到家。那時我已經疲憊不堪，只有足夠的時間洗衣服，爲下次旅程打包行李。

我沒有餘力留給自己，更遑論我的伴侶。與聽衆短暫的關係傷害了我的長久關係。我在家中的角色越來越模糊；我已經被「給外人的第一印象」困住了。經年累月下來，我就像整形後的人，已不記得自己原來的面貌。我在情感上築起高牆，自我感覺卻越來越薄弱。我嘴上說的、心裡想的只有工作，我只從自己的角度去經營家庭生活。我沒有好好安排夫妻的相處時間，彼此的深度對話越來越少，只能看我是否有空閒時間。

只要一不留神，工作的熱度就會燒掉個人生活。一想到自己崇高的理想，就會不眠不休地工作，當作這是人生唯一的任務。

我全心照料自己的事業，遠勝過關心妻子。我用盡全力向前奔跑，但這只適用於短跑，但不適合馬拉松。

別誤會，我跟妻子還是度過許多美好的時光，她是絕佳的生活伴侶和旅行夥伴。我們到世界各地冒險，一起吃了很多苦，也做了許多傻裡傻氣的事情，創造了許多精彩的回憶。

但是，高山再怎麼壯麗，也不如綿延不絕的寬廣低谷。

我們分開的時間太久，能運用的情感技巧太少，也沒有足夠的榜樣可供學習。我需要聽眾，也渴望成功，所以她覺得很孤單、被冷落。她在審慎思考後，多次請求我放慢腳步，而我依然故我。

我知道自己漸漸失去她。她越來越不滿，零星的衝突終究變成燎原大火。我太忙碌了，每次想修補關係時，總覺得精疲力竭。我就像睡眠不足的醫生，拒絕承認自己有多疲憊和粗心。事實上，我明明可以調整自己的休息時間，卻只花力氣在掩飾自己的不安全感，讓兩人生活只剩下怒火和責難。

某天晚上，她買了新泳裝，開心地叫我看她一眼，我卻在心裡怒吼：「我辛苦工作、到處奔波，妳怎麼好意思想去海邊度假？」聽衆欣賞我的才華，爲什麼她就不懂？我太自以爲是了，所以在內心不斷累積怨恨，讓兩人的感情漸漸瓦解。

妻子想跟我交流，但我總是不情不願。我拒絕承認內心最深的恐懼。我在外致力於教導大衆無私的精神，但我自己卻是超級自私的丈夫。我靠談論愛心維生，卻不知道如何愛我的人生伴侶。

爲了修復關係，我們拚命努力了一年。除了去度假，我們還參加伴侶諮商，一同參與療程。過程中，我多次坐在沙發上啜泣，而善良的諮商師試圖幫我探索更多感受。有時會出現突破性的進展，我倆暫時解脫、恢復正常的家庭生活。但事與願違，我們的關係裂痕不只是外傷，而已經是病入膏肓。

這段婚姻終於到了臨界點。教導我演講的恩師恰巧也是婚姻和家庭治療師。我們找上他，尋求最後的一絲希望。他清楚指出我們彼此所受的傷害，而那些已成爲無法跨越的障礙。經過六個小時的揪心檢討，他的最終建議是，我們應該分開一段時間，各自療傷。幸運的話，等我倆內心恢復健康後，就能重歸於好。

在這分開的六週內，我們只有一項功課：把心思放在自己身上，並致力於追求個人成長，這樣才有可能挽救這段婚姻。

在回家的路上，車內的氣氛十分沉重，只有一片靜默；前方只有一片未知和疑惑。到家時，妻子已經開始啜泣。那些淚水有深奧的含義，彷彿在訴說著無盡的悲傷。

這一刻來得非常突然又很戲劇化。我知道她受夠了，不管再怎麼嘗試，我們的關係都不會修復。她應該也是百感交集，她盡了最大的努力，但我的表現只能證明她的擔心完全沒錯。就算有六週的冷靜期，但她心知肚明，這只是在腐朽的牆上刷一層新漆。我們的關係沒救了、網補不起來了，這我也很清楚。

我顫抖著抱著她，哀悼永遠也回不來的愛情。這是最後的擁抱。我覺得自己很失敗。

我們沉默了一會，彼此都知道，這是最後的結局，共享的時光都將成爲回憶了。我們沒有機會迎來自己的孩子，也不能參加他們的婚禮。我們不能再一起去旅行、爲寵物命名、一同共同烹調美味的料理。

我們不能相愛共度一生。那沉重的感覺令人無法忍受，內心不斷出現自責的聲音：「你早點聽她的話就沒事了。」

幾週後，我們一起坐在沙發上，但它已經不是「我們的」沙發，只覺得是博物館的展品。我們手牽著手，那感覺既熟悉又陌生。我們了解到，對兩人最好的做法，也能展現我們對彼此的愛，就是離婚。

不消多久，內心的憤怒之火就迅速竄出來，而治療時一點一滴培養的洞察力開始被燒毀。內心尚存的歉意（「應該早點聽她的」、「我沒顧慮她的心情」）消失了，全變成怒氣（「反正她什麼事都看不順眼」、「她太需要有人關心她」）。

我失去正向的情緒，也不願向內心的理智低頭。我關掉智慧之聲，放棄所有的成長機會，轉而選擇攻擊對方。這比起耐心傾聽容易多了。

有好長一段時間我都在生她的氣，我覺得她最後沒有盡全力要挽回關係。當時我們有明確的計畫，還有專家引導。我才要開始起跑，她就棄賽了。事實上我不想承認，比賽已經結束了，我才姍姍來遲。

這種抱怨的心情就像遠方的悶雷，預示即將來臨的大雨。爲了逃避羞愧的感覺並保護我的自尊，所以我拚命責怪對方。我不斷對自己說：「她怎麼敢這樣對我……她爲什麼不好好檢討自己……。」這樣我就能分散注意力，以免聽到內心眞實的聲音。直到某天晚上，我的心防終於瓦解了。內心的羞愧感震耳欲聾地響起：「我配不上她，我辜負了她的眞心。我跟自己的事業結婚，而非我的妻子。」

我很想把氣出在她身上，責怪她放棄了我們的婚姻。但其實我很慚愧，我知道自己才是始作俑者。

突然驚醒後，我抱著馬桶大吐特吐。我爬上床想休息，但心臟跳個不停，還以爲自己心臟病發。床單上全是我的汗水，我應該趕快打一一九，但我打給我爸，他剛好從外地來，住在附近的飯店。回想起來，這是我看過父親最溫柔的一面；他在床邊靜靜地握著我的手。我想試著告訴他，我的婚姻已經結束了。我不敢承認的是，其實我無法獨自面對這一切。我也也氣自己，因爲我就是婚姻觸礁的原因。

那晚，父親坐在床邊聽我說話，但一句話批評的話都沒說。這種狀況很罕見，他平時意見很多。我無法停止責怪自己，我傷害了妻子，辜負了她一片眞心。我搞砸了，我既憤怒、也很羞愧。

我深陷在痛苦之中，只有一種正向的態度可以救我：寬恕，這是最內斂的善行。從這些痛苦的親身經驗中，我才了解，寬恕就是不以對方的行爲去評價他的本性。我們難免會做壞事，但不一定是壞人。

我的婚姻能走過一段時間，都靠著彼此的寬恕精神。在最痛苦的那段時光，我們還能緊緊擁抱對方，是因爲我們知道，在那些錯誤的舉動背後，兩個人都承受了大量的苦痛，而且沒有能力去處理。有時我會想，既然都有感恩節了，政府也應該制定「寬恕節」來宣導這個精神。

我一定要努力試著原諒妻子和我自己，用寬容的角度看那段焦頭爛額的日子。我們要分開看待人與其行爲；雖然妻子放棄我們的婚姻，但她還是很愛我。有了這樣的認知，我才能面對自己在婚姻中所扮演的角色。唯有退後一步，我才清楚看到，我不但沒有顧慮她的立場，還責備她老是那麼任性。同樣地，我也得把自己的本性和行爲分開。我總算願意承認，我做了很多不負責和自私的舉動。而我會逃避親密關係，也是因爲我把心都放在事業上。

後來，妻子大方地寬恕我的過錯。我很慶幸我們還能當朋友，並試著一起修復內心的創傷。我們每個幾個月就會聯絡一下，聊聊彼此生活中的大小事。我們已能用同理心來對話，並試著安慰對方。

有寬恕的心，你才能把重點放在傷人的言行，而不是那個人有多壞。每一種行爲的背後都有原因，帶著謹慎、仁慈的心去探索，就能讓自己和他人不那麼痛苦。

寬恕與幸福感也密切相關。無論是心理學家的專業研究，或是家中長輩的老生常談，結論都一樣：帶著怨恨生活，一輩子都會很痛苦。老是對自己或別人生氣，就像把手放在熱火爐上，你以爲這樣很勇敢，但其實很蠢；沒過多久你手就會燙傷了。

做錯事當然要究責，但這不涉及對人的評價。我們受到傷害時，一定得要求加害者負起責任，並且清楚提出警告：「你不能再這麼對我。」

寬恕的重點在於，不要認爲每個傷你的言行都是衝著你來。否則你內心的恐懼會不斷擴大，並深信自己活該被人欺負。對自己最有用的善行，就是原諒傷你最深的人。你可能會不經意發現，原來你自己就是罪魁禍首。

## 世界所需要的善良 ♥ 寬容

人的本性是一回事，而其錯誤的行爲又是另一回事。在我們最可惡的行爲背後，往往藏著某種傷痛。我們不是刻意要傷人。想要培養深度的善意，我們就得看清楚那些迎面而來的銳利攻擊，攻擊者如同刺蝟一樣，尖刺朝外是爲了保護、悉心呵護自己的柔軟內心。寬恕才能修復破碎的心靈。

## 寬恕的練習

從小到大我們都知道，說得比做得容易。「把人與其行爲分開看」聽起來簡單，其實非常困難，因爲我們的傷痛、憤怒、怨恨和情緒都與經驗相關。

如果每個人都能遵循大師和教科書提供的技巧和智慧，那社會一定會和諧安樂。理性的策略、規則和概念每個人都知道，但是生活的情況因人而異，所以在付諸行動時失敗機率很高。

對於家人、伴侶與自己來說，寬恕是善良的基石。但憤怒、悲憤、嫉妒，就像電視前揮之不去的蒼蠅，一旦看到就很難移開目光。儘管節目繼續進行，但我們的眼睛卻一直盯著蒼蠅。頭腦能放大好事，但也會放大壞事。我們對某人惱火時，對他所做的事情都有意見。因此，當我們遇到不可信任、冷酷無情或愚蠢無知的人時，該如何善待他？

想要培養這些能力，最值得嘗試的做法，就是多關心別人，從你最親近的人開始，漸漸往外擴散。所以第一個人就是你自己。

## 寬恕自己

美國社工系教授布芮尼．布朗（Brené Brown）說到，跟自己對話時，應該像跟摯友分享心事一樣，積極又有深度。她說：「像對待摯愛的人那樣跟自己說話。」[1]

在腦中重複的負面資訊早就該回收了。外人的無稽之談總會鬼鬼祟祟地潛入我們的信念當中，但只要試著找人去釐清真相，就很容易消除。

寫下三個你常講的負面自我對話。深呼吸，分享給三個親朋好友，並接著說明，你在練習原諒自己，需要找人幫忙；通常親友看待你的角度比較友善，請他們指出這些負面的話有什麼問題。

收集這些回應後，再仔細想想看，這些親友是否可靠。若答案是肯定的，就試著接受他們的看法，也許它們比你所以為的還眞實。

## 寬恕傷害過我的人

想想看，你怨恨哪些人，他們又做了哪些過分的事情，導致你們的關係惡化。接下來，把他們本人和那些惡行分開。理性告訴自己，這個令你痛苦的行為是單一事件，而始作俑者有他的困難。具體一點說，對方有一些發展不足的能力，有些問題他也無法解決。他們缺少哪些技能？經歷了哪些問題才會如此對待我？

努力設想另一種解釋方式，並且寫下來或錄起來。這個版本必須有極大的說服力，好讓我們理解他為何要那樣對我，當中某些細節是眞的，但也可以完全虛構。總之能說服自己就好：原來他有一些困難、又沒有處理的能力，才會對我那麼不好。

你也能告訴自己，那個人還是值得你對他好（只要一天就好）。或許他眞的傷害了你，令你心碎，但你仍然願意對他表示善意。

但要提醒讀者，這些練習不適用於某些惡劣的行爲。若你存有某些創傷或曾遭受虐待，請去尋求專業人員的協助。你在療傷路上的第一步，也許是請他們評估狀況。

## 寬恕令人惱火的日常瑣事

我們內心深處都有需要縫合的傷口，而日常生活中有許多不順的事，好讓我們有機會練習寬恕。上班趕時間碰到慢吞吞的司機、偏頭痛發作時小孩卻吵鬧不停、飢腸轆轆卻得大排長龍、被忙著發簡訊的路人撞到……

美國作家華萊士（David Foster Wallace）二〇〇五年於某校的畢業典禮發表了一篇發人省思的演說，題目爲「這是水」（This is Water）：

遇上這些瑣碎、令人洩氣的衰事，正好讓我們發揮自己的選擇力。遇到塞車或陷入擁擠的排隊人潮時，我正好有時間整理自己的想法，並把注意力放在自己的身心狀況。否則每次我排隊結帳時都會煩死，還斬釘截鐵地認定，這種狀況就是衝著我來。我餓得要死、累得要命，只想回家休息，但全世界故意要阻擋我前進。

多多留意自己在這些煩人情況下的思考方式，生活才不會被各種微小的挫折感所支配。凡事都把自己擺在宇宙的中心，行善的能力就會減弱；只關心讓自己憤怒或煩躁的事情，就會被自己的觀念所縛。

寬恕是種自由，讓我們突破熟悉的思考模式以取得新見解。多多給自己一些空間，用更慷慨的角度來看待日常問題。

布朗教授發現，對別人很苛刻的人，對自己也很嚴格。她請讀者和她一起挑戰自我，隨時留意自我膨脹的感覺，並告訴自己：「每個人都盡力在生活，不要太苛責對方。」

不妨練習一下，用這個角度來思考今天遇到的每件事和每個人。隨時告訴自己

「他們已經盡力了」，用寬廣的胸襟對待彼此。一旦想批判或質疑對方時，就要有意識地選擇原諒他，久而久之，你就能消除那些負面又瑣碎的挫折感。

**世界所需要的善良♥寬恕**

把自己拉出自責和懊惱的深淵，這樣你才有機會找回自己慷慨而熱情的一面。諾貝爾和平獎得主、作家埃斯基韋爾（Adolfo Pérez Esquivel）說得很明白：「拳頭緊握的話怎麼去播種？」唯有慷慨而開放的愛，才能消弭怨恨，讓社會進步。

打開雙手和心房，努力播撒善良的種子。每個人都有自己的故事，也都應該得到原諒，特別是你自己。

# 4

# [沒有安全感]

只要內心沒有安全感，人際關係就會出問題。尷尬、羞恥和被拒絕的感受很可怕，它們就像怪物一樣，阻止我們全力去愛自己和他人。因此我們不願做出勇敢、有愛的行爲，對自己沒有同理心，也不想對人付出任何眞心。

這些怪物低聲說：「你這個笨蛋，什麼事都做不好！」在大腦有機會發出善意的思考模式前，它們先發制人。我們都怕失敗，也認爲自己什麼事都做不好、不知道該說什麼，所以不想伸出援手去幫助別人。因爲尷尬，所以我們不想爲朋友挺身而出，擔心旁人會嘲笑自己。

記住，哪怕是再勇敢的人，心裡也都會有這些怪物。但他們選擇超越內心的畏懼，決定面對最害怕的事情。打開心裡的地下室，才能確認、看清楚那些躲在黑暗中的怪物。不明的恐懼最可怕，你會在不知不覺中受到影響，並做出令自己後悔的行爲。正如我們都因爲太害怕，所以不敢跟心儀的對象告白。

想要培養深度的善意，就一定要有勇氣。找出自己害怕的事情，才能做出有意識的決定，而不是在腎上腺素的分泌下衝動行事。勇氣不能消滅恐懼，但能帶來自由。你可以活得更自在，而不受懷疑和憂慮拖累。勇敢地面對內心的疑惑，仔細觀察自己內心有哪些不安全感。只要覺知的能力提升，就能漸漸取回自主權。

## 內心的恐懼多半都是缺乏安全感

我一生大半的時間都處於恐懼中，不是那種心跳加速的驚慌，而是像鐵鏽一樣日積月累地腐蝕生命，奪走我實現夢想的機會。

我們往往以爲恐懼是一種激動的情緒，當驚恐或厭惡的事情發生時，我們會馬上迎擊或逃跑。諷刺的是，事實正相反，我們會像飛蛾撲火一樣陷進去。

大家都不願承認，其實恐懼能帶來安慰感。既然做不到某事，也無法活得更好，那只要畫地自限、滿足基本的生活需求就好。反正只要你不去挑戰自我，就可以證明自己的看法是對的：我的確沒那個能耐。

我們都喜歡證明自己的看法沒錯，尤其是自我評估時。

我們多半沒有意識到自己的內在對話。大腦喜歡在後台精打細算，悄悄地幫我們做決定。它隨時都在衡量眼前的風險，並估算克服困難的能力。此外，它也會猜測別人怎麼看我們，所以我們才會受他人的意見所影響。

恐懼多半不是出於主動的判斷，而是來自於我們接收到的訊息。社會主宰了衆人的觀念，告訴大家哪些事情做得到，而哪些情況該謹慎面對。恐懼的聲音雖小，卻總是斬釘截鐵在做出結論，因此它最常用的詞彙有「絕不會」、「總是這樣」、「爛透了」等。在它的說服下，你不斷告訴自己「我永遠做不到」、「我總是把事情搞砸」、「我比不上他們」。

恐懼是話術最強的推銷員，也是最惡劣的騙子。

我們應該思考一下，自己缺乏安全感的眞正原因是什麼。恐懼說了一堆謊言，但我們卻當成眞理，在不安之下，我們寧願出賣自己的人生。恐懼這頭虛有其表的怪物，其實是我們自己養大的。

我們所害怕的事情大部分都不是眞的，只要聽到一點風聲，就信以爲眞。我們每天接受多少訊息？英國記者約翰・辛普森（Jon Simpson）統計，我們一天平均接觸到五千則廣告。[1]二〇一五年，《快公司》雜誌的資深編輯貝里斯（Rich Bellis）也發現，美國人每天接受的訊息量是一九八六年的五倍。[2]全球有兩萬一千兩百七十四個電視台，每天播出八萬五千個小時的原創節目。YouTube每小時增加六千小時的影片。我的手機剛剛告訴我，這週我看螢幕的時間比上週少，每天「只有」五小時十六分鐘。

以下這幾個問題有助於你篩選資訊：它們對我有好處嗎？對我的內在對話或自我感覺有幫助嗎？這些資訊是真的嗎？

面對大量的資訊轟炸，我們很難一一消化，只能囫圇吞棗了事。我們無法快速判定當中哪些是有價值的，所以也接收了許多農場文跟假新聞。人類大腦本來就無法處理如此大規模的資訊，但唯有經過客觀判斷，才能判別內容是真是假。我們儲存資訊的標準不是知識性或真實性，而是根據它所引發的情緒強度。因此，當我們內心深處受到重創時，大腦不會跳出來澄清：「但那絕對不是實情！」而是會開始自我懷疑：「如果是眞的呢？」

遺憾的是，大腦多半的評估工作都不受我們的意識所掌控。日積月累下來，這些資訊就會變成主觀的看法，並影響你的生活步調，最終你就會深信它們是客觀的眞理，而你的人生就定調了。你從小到大聽過那麼多謊言，當中包括文化與社會硬塞給我們的資訊：考到頂大、找到好工作、有車有房才是成功。除此之外，還有各種刻板的性別印象。類似的訊息千千百百種，在未經過濾下，全都嵌入我們大腦當中。

這就是所謂的「文化編程」（cultural programming），它是由外在環境輸入的。相對地，個人編程（personal programming）則是由個人經歷而來。舉例來說，你讀幼稚園時被同學霸凌、小學時告白被拒絕，幼小的心靈於是受到打擊。還有更慘的，父親本該是你人生的榜樣，卻染上了酒癮；老師說你成績不好，畢業後最好不要再升學。

外界會明示或暗示我們人生的方向，而我們無意間都會聽進去。大腦收集這些資訊後，會建立起自我保護機制，在不知不覺中，我們就會以這些謊言過活。而我們對待自己與他人的方式，就是受到這些大大小小的不安全感所影響。

於是我們每次做決定時，只考慮到被拒絕的窘境以及失敗時的羞恥感，也更不想對人展現善意。能力不足不是唯一的障礙；就算你知道怎麼做，但還是會很害怕。培養能力還不夠，想要生活變得更良善，你還得具備勇氣。

爸媽很小就讓我看電影《魔戒》。那時我才六歲，而命運悲慘、皮膚鬆弛的咕嚕在我心中留下陰影。我老是看到他在房間的暗處徘徊，午夜時埋伏在樓梯底部。直到現在，我在一樓關燈後，還是會拔腿衝回房間。

像我一樣怕黑的人不只我一個。大家都知道背脊發涼的感覺，所以只想逃避看不見的怪物。

蜘蛛或可怕的昆蟲一出現，我們就會害怕地逃走。然而，還有一種恐懼感非常安靜，它總是潛伏在我們心裡，無孔不入。簡單來說，我們會逃避自己善良的一面，無視身邊需要幫助的人，假裝若無其事般路過。

害怕某件事物時，我就會避開它、跑到安全的地方；勇氣這時派不上用場。唯有細細思量，承認自己有這些恐懼，我們才能解放自己的心靈，生活才會更有意義、更健全而良善。

接下來我會用一整個章節來描述恐懼所致的不安全感。我想提醒大家，善良也有讓人不敢面對的一面。我們必須培養勇氣，才能壓制心中的怪物。

第一個要對付的就是我們最害怕的怪物：丟臉。

# 第十三章 不要把行善變成情緒勒索

「自由擁抱」是很流行的街頭運動。但就本能上來說，人與人很難取得信任，也害怕擔負風險。拒絕這項活動的人不是否認它的益處，而是不信任對方。

網路上有很多自由擁抱的影片，各個地方都有這樣微笑相擁的溫馨場面，但人們很少放上被拒絕的畫面。你看到的場景都是洋溢著一片幸福，陌生人開心地互相交流。

我曾在某些地方提供自由擁抱，例如商場、市中心的街道、中央公園、校友的返校日等等，主要是爲了練習被拒絕。

多數人都不喜歡陌生人，這很正常。父母從小就在恐嚇我們，不可以接受陌生人給的糖果，否則會被綁架。因此，遇到自由擁抱的活動時，我們會避開。我們害怕陌生人。每個人都有自己的社交圈和朋友，不會立刻受到莫名奇妙的擁抱所吸引，並設法視而不見。

陌生人帶著微笑要跟你擁抱，大家都會閃躲，但是想想看，我們也會繞過看來心情沮喪的路人。你想要熱情地提供擁抱，但屢屢遭到路人拒絕，很快你就會打包回家。大腦的內建功能之一就是保護我們免受痛苦。有人拒絕你、對你視而不見，腦子最自然的反應就是：「慢著，我爲什麼要這麼做？」

除了自由擁抱外，我們都曾在其他場合慷慨釋出善意，但遭到排斥或拒絕：你邀請某人參加活動，而且你深信對方一定會很高興，結果他已讀不回。你讚美朋友的表現，還送他禮物，卻遭到對方嘲笑或冷落。你想對寂寞的朋友表達關心，他們卻沉默不語，完全不理你。你提供三明治給遊民，對方卻開口要錢。

這種經驗只要出現幾次，你就會感到憤慨和失望，不再想要幫助人了。每次遭到拒絕後，你的毅力都會減低。想做好事，卻只有得到失望和心碎。這種落差令人心痛，正是所謂的好心被雷親。

行善時遭到拒絕，會嚴重打擊你的信心，而恐懼也會乘虛而入。爭取角色失敗、進不了球隊，都會影響你在其他領域的表現，從此你會更害怕被拒絕。依照大腦的功能來看，當你陷入這些痛苦時刻時，不會顧慮到細節，而是讓模糊的恐懼感不斷出現。你沒有時間去比較具體的情況有何不同，只要一出現類似的結果，大腦就會提醒你上次被拒絕的經驗。

說真的，大腦，你的辨別力還有待加強。

多年前，我去華盛頓州的一所實驗高中演講。那一小撮學生有各式各樣的特殊背景：來自破碎家庭、剛從少年拘留所出來、無法忍受傳統教育以及曾經遭到霸凌。

我最喜歡對這些人演講。經歷了太多苦難，所以他們更容易展現同理心，也更知道如何幫助其他受苦的人。親身經驗難以取代，所以他們可說是這方面的專家。

我講了一個小時，主題是善良以及各種阻礙。我談到每個人都有改變的能力，也能影響世界。最後我留了提問時間，讓懷疑的聽眾能發表己見。有些人認爲，世界一點也不美好，又何必當好人。

有個孩子戴著金屬項鍊、穿著黑色寬鬆長褲，腿上放了一頂棒球帽。他的頭髮很服貼，顯然他很喜歡戴帽子，但上課時要拿下來。他舉手，一臉眞誠地問：「如果人們不接受我的善意，那該怎麼辦？」

這個問題應該是他個人的親身遭遇。這孩子吃過許多閉門羹，他總是懷著善意想幫助別人，卻總是被拒絕。

我們來來回回討論了一陣子，我請他分享自己的經驗。他提到，他喜歡主動幫忙或出意見，但人們總會質疑他的誠意，所以直接拒絕。他認爲，別人會懷疑他的動機，是因爲過去他聲名狼藉，老是在欺負人。我問他，身邊還是有人對你不錯吧？他說：「有的，但他們也會欺負我。」我問他有沒有可信任的朋友，他說一個也沒有。

這個答案令人覺得遺憾。對許多人而言，行善是痛苦的前兆。每個人都接受過他人的善意，但也會遭到對方無禮對待。我們每天都渴望有人對自己好，但期待又怕受傷害。

這孩子看著朋友越來越自私，但他依然想要有所付出。他就快失去信念了，正站在憤世嫉俗的懸崖邊。哪些事物有價值或值得信賴，這世界並沒有給他答案。

因此我得出結論：「人們很渴望被善待，但不知該如何信任對方。」

人們拒絕自由擁抱的邀請，是因爲從本能上就不信任對方，害怕會有任何風險。因此，他們並不否認這個活動的美意，只是不信任陌生人。就像我們有時看到路人情緒不穩定、在街上哭泣，便會在有意或無意間避開他。

有時候與人交流會有風險，會讓你想起以前受過的傷害。

一旦你意識到這是種危險的行爲，表達善意時便會更謹慎，就算遭到拒絕，也不會放在心上。當你被拒絕時，問題通常不在你身上，而是他天生具備以及後天培養的防衛心。每個人都怕被遺棄、虐待，因爲我們都被善良的人欺負過。

這個學生做出結論：「雖然我是善良的人，但還是得努力博取對方的信任。」

他說得對，我們只會接受自己信任的人事物。

爲了讓他人對我們的深度善意有信任感，我們必須先了解信任的要素：同理心、眞誠和一致性。首先，他們得相信你眞的理解他們的需求。其次，他們想知道你是否眞心想來幫忙，而不是別有居心。最後他們想確定，你今天的善行是否符合你做人處事的風格，明天、後天也會保持下去。

你在行動時不應考量外人的期望，你只是在體現善良的價值，不是爲了自我滿足或某些回報。在某些情況下，你必須一而再、再而三地證實自己的誠意。否則難免有人會質疑：「這只是一時興起，或是你會持續地關心我？無論我開心、難過，你是否都會對我好？你究竟是可憐我，還是覺得我值得你付出長久的心意？」前後一致對於培養信任感非常重要，畢竟日久見人心。想要展現深度的善意，關鍵在於你是否不斷找時間關心對方。

有些人的言行非常具有能量、能深深打動我們，是因爲他們有在努力建立彼此的信任感。正如你不會把公司的最高機密交給新員工。有時我們會忘記，對許多人來說，給予和接受善意是非常個人的事情，不會隨便用在陌生人身上。要用深度善意來影響他人，就必須提出有意義的問題，並耐心傾聽，讓對方覺得你確實聽到他們的心聲。否則對方會懷疑你是否眞了解他，並知道他的需求。尤其對於憤世嫉俗的人來說，更不容易接受他人的好意。

保持謙虛的態度，認眞傾聽，有意識地覺察自己的動機，你的一舉一動就會光明磊落。每當朋友需要你的時候就出現，哪怕他們沒有求助於你，這樣信任感就會慢慢建立起來。

有時我們在員工或學生餐廳吃飯時，會坐到落單的人身邊。我們大膽猜測他需要我們幫助，並暗示對方，是不是想要有人一起作伴。但是這麼一來，也等於要求對方近距離接觸毫無信任基礎的人。

有時這樣的同理行爲能有好結果，也就是說，我們能安慰到有困難的邊緣人。坐到陌生人旁邊吃午餐是種嘗試，不過別傲慢地以爲，你的出現能改變一切。更慘的是，這種雞婆的心態正是他們想獨自用餐的原因。想想看，你跟那個孤僻的人素昧平生，卻偏要挑人家心情極差的時候去搭訕他。你帶著燦爛的笑容，提出許多問題轟炸對方，這眞的是善意嗎？那反而更證明你其實不關心他，你只是臨時起意，爲了滿足自己的成就感才去騷擾人家。

這不叫善行，你只是膚淺地表達善意，還導致對方心情更差。坐到落單的人身邊，不一定能幫上忙，雖然你的確是一片好意。打過招呼後，對話會非常尷尬，因爲兩人從未有任何交集，你不過是強人所難，硬要對方跟你聊天。假如他認識的朋友也在餐廳裡，還一群人在大聲聊天，那這個孤僻的人一定會忽視你的請求，免得讓他更丟臉。

於是，你就有點氣不過了，吃了閉門羹眞丟臉，於是你開始情緒勒索：「我坐在你旁邊，你卻假裝沒看到。我要請你喝咖啡，你還說這樣會睡不著。我一片眞心，你敢狠心拒絕我？」

我們自以爲在做好事，但不知不覺中就變成傲慢的人。我們以爲自己理解對方的需求，而且既然我現在有空對你好，那你就應該馬上接受。我們都暗自期待對方會心懷感激，因爲我們付出心力了。

做好事卻希望得到回報，註定會大失所望。你只想要對方感激並接受你的善意，所以這是有條件的善行。其實你只關心自己，而不是那個坐在你面前的可憐人。他的確需要深度的善意，結果你只想便宜行事，最後落得兩敗俱傷。

## 世界所需要的善良 ♥ 不期待回報

無論對方接受或拒絕，你都該保持平常心。行善時，不要太計較得失，只要能展現你深度的善意，那就值得付出。不管你以前受過什麼傷害，只要目標正確，你依然能慷慨地獻上心意。

因此，爲了讓世人明白並接受你的善意，你一定要先建立彼此的信任感。舉例來說，你要對方接受自由擁抱，但他也許有潔癖，一點都不喜歡這種活動。努力成爲值得信任的人，對方才會接受你的善意。

## 成為勇於付出的人

就像鍛鍊肌肉，行善的技巧不足的話，只要多練習就能克服。但在這之前，最好先反思一下自己是否缺乏安全感，並試圖去彌補，以培養足夠的勇氣去實踐善行。

底下有些提示，在你寫日記或沉思時派得上用場。你也可以和朋友一起討論，看看怎麼破解那些會毒害人際關係的謊言：

- 在你的人生中，哪次被拒絕令你特別難受？而那件事又如何影響你做人處事的態度？
- 你能坦然接受別人的好意嗎？為什麼？
- 哪一些人認為你值得信任？哪些人認為你不可靠？
- 你以前做好事時希望得到什麼回報？而你哪次行善是真正的無所求？
- 如今你願意做哪些善事，那怕吃閉門羹也沒關係？

# 第十四章　完美主義是善行的最大阻礙

「愛人總是有風險，但與其擔心不順利，不如想想順利時的幸福感。」
——美國作家彼得・麥威廉（Peter McWilliams）

我們會害怕失敗，是因為做決定前，我們會估算各個選項的成本與效益：自己要付出多少代價，而對方能得到多大的好處。如果我投注時間和心力後，他卻不理我怎麼辦？也許我改變不了什麼，連安慰的話也說不好。

但反過來想，如果你全心投入後卻帶來豐碩的成果呢？

關於失敗的長篇大論，你已經聽得夠多。我們都知道，成功人士以前搞砸的事情可多了，而他們的財富和名聲都是由此而來。麥可・喬丹失手的次數也多過他的關鍵得分。蘋果電腦從車庫發跡後，也生產過很多失敗的產品。談話節目的主持人和勵志作家都會告訴你，成功的前提就是「輸、輸、輸」。

「十年寒窗無人問，一舉成名天下知」，在我們睡覺的時候，那些頂尖的運動員都在拚命練習。唯有努力工作、把握機會，你才能創造運氣。

《恆毅力》的作者達克沃斯博士提到，傳統的成功指標包括智商、在學成績以及錄取到好學校，但很少人知道，它們的重要性都不如韌性。[1]她發現，成功人士都有個共通點：勇於失敗。就算面前的情況支離破碎，他們也會在斷垣殘壁中蹣跚前行。在其他人遇上失敗不知所措時，這些成功人士依舊勇往直前，抵達目標。因此，成功的關鍵不在於致勝的方法，而是能克服逆境。

同樣地，想要多做好事，也取決於有勇氣面對失敗。在局面混亂時，想要展現深度的善意，就得與他人共同面對逆境，別以爲一次的善舉就能解決對方的問題。我們在人生各方面都害怕失敗，會避免陷入逆境，所以會擔心說錯話、做錯事。籌辦募款活動沒人參加怎麼辦？費了這麼多心思卻無法得到預期的成果，的確很令人沮喪。但不願意承擔做錯的風險，就永遠沒機會做對。

不敢去做善事，其實也有深層的個人因素。有些人害怕被拒絕，所以不會主動去幫助陌生人，大腦也會爲你找理由，既然結果難以預測，不如先按兵不動。所以我們會繞過路邊需要幫助的人，反正我也不知道他是誰，不理他比較安全。只要不把責任感攬在自己身上，就不會在乎是否失敗。所以我們會說服自己「那個人沒事的」、「一定會有人去幫他」。

不在乎他人的遭遇或需求，就能忽視身邊的陌生人，也無需展現什麼善意。讓陌生人失望沒有關係，我的協助就像是少了木樁的帳篷，輕易就會隨風吹走。只要懷抱一絲希望，認爲別人會展現愛心去幫忙，我就能放心，認爲這個人不是我的負擔。

在心理學上，這個思考模式被稱爲「責任分散」。就像在客滿的電梯裡放屁：反正人那麼多，很難追究兇手，偷偷放屁一定沒人知道。

不過，當你應該展現善意時，沒有行動就是失敗。

「責任分散」跟「旁觀者效應」有關，痛苦的人若處在人潮中，大家反而不會伸出援手。在一九六〇年代，美國心理學家拉塔內（Bibb Latane）和達利（John Darley）透過許多實驗深入研究這些現象。他們發現，七成的人發現自己是唯一的目擊者時，就會幫助處於困境的女性；如果目擊者人數增加，只有四成的人會提供協助。[2] 反正別人會伸出援手，自己的責任沒那麼大，就像在電梯裡放屁，假裝沒事就好。冷漠是有感染力的，身邊的人沒有反應，那我們也一定會按兵不動。研究人員發現，在模棱兩可的情況下，人們就不會出手相救。既然不確定幫助的對象、方法以及理由，我們就會去做別的事情；畢竟沒有人喜歡參加毫無準備的考試。

多數時候，助人所牽涉到的因素看來和自己無關，結果又很難預測，所以我們寧願視而不見，把自己的生活過好就行。

但有時候，冷漠會給自己留下揮之不去的陰影。

南非攝影師凱文．卡特（Kevin Carter）的故事就是個見證。在種族隔離時期，他拍下許多令人不忍卒睹的慘案。一九九三年，他飛往蘇丹拍攝大饑荒的景象。某天他走進荒野，意外看到一個虛弱的小孩，她本來要走去救濟站，卻在半路中倒下，蜷縮在地上。他正準備拍照時，一隻巨大禿鷹停在附近。很多人都告誡過卡特，不要隨便碰觸當地人，因爲傳染病猖獗。所以他沒伸出援手扶起小女孩，而是在旁邊等了二十分鐘，希望禿鷹離開。

那一刻，他拍下榮獲普利茲獎的照片。

他最後趕走禿鷹，但仍與這個小女孩保持距離。然而，攝影師該在何時、何地出手幫助拍攝對象，就此成爲重要的討論議題。一九九四年七月，卡特自殺身亡，他在遺書上寫道：「看過殺戮戰場和那麼多屍體，我無法忘卻那些令人憤怒和痛苦的鮮明記憶。」

卡特自殺的原因沒人知道，但也許是因爲無法擺脫憤怒、悲傷和內疚的心情。而他的故事可作爲我們反思的題材。想想看，自己是否遇過考驗人性的時刻，又出於什麼個人因素而選擇袖手旁觀？

而我想起了某則語音訊息。

那次我在森林深處舉辦領袖營，手機在那裡收不到訊號。大家一同遠離網路七天，這是件好事，但對我來說卻不是個好時機。

當時好友盧卡斯的母親因卵巢癌去世，他即時就發了語音留言給我，從他的語氣聽來，應該是已哭到筋疲力盡，彷彿有人在他的喉頭重重打了一拳。

「嗨，老兄，我只是想告訴你，我媽媽昨晚走了。」

我們身為營隊工作人員，到晚上才有一點時間可以上網，而多數訊息都沒收到，我聽到這則留言時已經是半夜了。盧卡斯平常喜歡傳一些耍寶的訊息，所以我沒料到他正承受親人過世的打擊。

聽完語音留言後，我呼吸變得急促，於是掩面走出房間。我在滿天星斗的無雲夜空下，爲好朋友的遭遇感到心碎。

但是後來四個月，我沒打過一通電話給他。

以我的專長來說，我應該要在重要的時刻說出體貼又有同理心的話，因此倍感壓力。我擔心自己說得不恰當，或無法提供具體的協助。我是盧卡斯的好朋友，應該展現我對他的愛。「節哀順變」、「多多保重」這是點頭之交在說的，我應該要說出很感性的話才對。

我害怕讓他失望，所以什麼都沒做。

伏爾泰說過：「完美主義是善行的敵人。」的確，我那面面俱到的態度反而阻卻了我的行動。時間一久，我才發現這種態度很愚蠢。首先，我一句安慰的話也沒說，接著又擔心提不出合理的解釋。

於是我自以爲是地安慰自己，反正他很忙、我也很忙，不要互相打擾。我頂多發幾個簡訊給他，想說有空再打給他，但實際上是在逃避。我自欺欺人地認爲，等對方有需要時，自然會跟我聯繫。

時間來到十二月，那則令人心碎的語音留言是三個月前的事了。我去看盧卡斯的脫口秀，他把母親過世的事情編成一個段子，雖然令人心碎，但又有療傷的效果。節目結束後，他開車載我回家，我故意聊些生活瑣事，以避開悲傷的話題。開到我家後，我們下車擁抱，空氣中瀰漫著不言而喻的凝重氣氛。我想解開那團糾結在一起的線，但它們在彼此的內心放太久了，不知道該從哪裡開始解。盧卡斯後退一步，平靜而友善地看著我。他知道我有話要說，所以耐心地等我整理悲傷情緒。

我總算突破內心的羞恥感，接著勇敢說出：「對不起！身爲你最好的朋友，卻沒有去陪你。那是我的責任，我應該打電話給你，聽你說說話。但我什麼事都沒做，更沒有去探望你。我也不能接受這自己爲何這麼冷漠，我根本是個混蛋。事實上，我覺得自己安慰不了你，一點自信也沒有，所以一直在找藉口逃避跟你聯絡。盧卡斯，我很抱歉，我眞的很關心你，也爲你母親的事感到很難過。」

我哭著把話說完。在月光下，盧卡斯的臉龐溫柔又和善。他把手搭到我的肩上，眼中帶淚地說：「休士頓，你逃避的行爲很傷人。你沒打給我，也沒來參加葬禮，其實我很難過。」他深深吸了一口氣，態度堅決又富有同情心，並接著說：「但是我明白你的難處，我原諒你。老兄，我愛你。」

就這樣。我的恐懼消失了，突然轉化爲敬佩之情。他慷慨地寬恕我。謝謝你，盧卡斯，你讓我成爲更好的人。

我無法忍受無助的感覺，應該沒有人喜歡這種心情，但我許多痛苦的記憶都與這種強烈的情緒有關。人生最痛苦的事情，莫過於看著自己和所愛的人受苦，卻覺得無能爲力。但就算有這種無助感，你還是能適時伸出援手。

大家應該像我一樣，有類似的失敗經驗，也很害怕再嘗試。失敗的感覺眞的很不好。但不管是對於陌生人或好朋友，你的關心都有可能幫不上忙。你不可能隨時都講得出得體的話；就算你有能力請遊民吃一餐，但卻沒錢幫他治病。每個人都會把事情搞砸，你也不例外。

無論是在安靜的空間，還是在喧鬧的街道上，我們都會忽視行善的機會。我們繞過伸手要錢的遊民，不發訊息給以前的同學，看到有人跌倒也不伸出援手，就像我那通打不出去的電話。

醒醒吧！別害怕失敗，那些恐懼只是假象而已。你以爲人們期待你做出完美無瑕的表現，但他們就像盧卡斯一樣，其實要得不多，只希望你出個聲音就好。

**世界所需要的善良 ♥ 接受自己的不完美**

再怎麼發揮同理心，也不可能做出完美無瑕的善行。哪怕是簡單的問候，都比悶不吭聲好。這個世界需要勇於失敗的人，不管是創業、參加運動比賽、當志工，都要有行動才有成效。努力付出，才能展現自己的愛。

## 學著接受失敗的練習題

底下的題目可作爲寫日記和沉思的題材，也可以和朋友一起討論看看，也許有助於你克服對失敗的恐懼，讓你更有動力去行善：

- 你是否曾對親友冷淡以對？如今該如何善待他們？

- 「旁觀者效應」對你個人有什麼影響？
- 無助感和恐懼感如何影響你的人生選擇？
- 你是否願意重新設定成功的涵意，並試著挑戰看看，失敗也無妨？
- 近期以來，你成功達成什麼目標，又做了哪些令自己失望的事情？你認為善良在那些時刻發揮什麼功能？
- 誰讓你失望？現在該如何對他們好一點？
- 哪種富有同理心的善舉對你格外有意義？你是否願意為它承擔失敗的風險？

# 第十五章　只要你不尷尬，尷尬的就是別人

聽到音樂我就想跳舞，卻總是坐著不動。其實多數人都跟我一樣，有意無意間會保持冷靜。為什麼？這樣才不會出洋相啊！

多數人都跟我一樣，希望人們喜歡自己，只是渴望的程度不同而已。關鍵在於，在你成長的歷程中，是否常常遭到嘲笑或冷落，所以比其他人更加渴求關注。

在我五歲生日派對上，鄰居家的孩子不請自來，還突然把我推倒，害我摔了一跤，上唇還破皮流血了。我生平第一次覺得好丟臉、好尷尬。那天有許多人來幫我慶生，我卻在桌邊流血不止。那種尷尬的心情，很難輕描淡寫地就帶過。那時我才五歲，無法理解爲何有人要傷害我，也無法告訴自己，對方的行爲與我無關，而是

與對方的經歷有關。

諷刺的是，這孩子的家長是反暴力的佛教徒。有其父不見得有其子，家庭教育不一定有用。

一年級的某一天，我站在操場上，靠著籃球架一動也不敢動。有群高年級的孩子想出一個遊戲：衆人朝我扔木屑，而我身上各個部位的分數都不同。你應該猜得到哪些位置分數比較高。我當然不喜歡這個遊戲，轉學後才擺脫這場惡夢。

升四年級時，我考進四到六年級的混齡班，加入為期三年的實驗教學計畫，於是我進入資優生的行列。同學笑我是書呆子，每天一小時的校車通勤時間是我最悲慘的童年回憶。

我一直覺得自己與世界格格不入。在成長階段，我的喜好跟當時的流行文化完全不合。諷刺的是，我又想脫穎而出，以得到大家的欣賞和接納。在人生許多重要的時刻，我都沒得到認同，所以我總希望別人能看到我、認識我，因此我也成為某些人的眼中釘。我不想離群索居，更不想自生自滅。

我們一開始就提到，善良不是平凡的小事，善行更是奇怪、不尋常的舉動。世人認定有些活動是正常的，所以當你跨出那個邊界，就會遭到他人的嘲笑或羞辱。

因此，行善是有風險的，很容易令你掉入尷尬的局面。爲邊緣人挺身而出，你也會被別人當成怪胎。大家會在背後酸你，因爲不想承認自己的冷漠無情。多數人都想幫忙，卻憎惡實際去做的少數人。

可惜只有少數人能實現深度的善意。對於自己還沒有能力做的事情，我們總是會挑三揀四。

早期我曾在家鄉附近的高中演講。活動結束後是午餐時間，七百位學生進入寬廣的圓形食堂，那天還是「尊重多元性別日」(Spirit Day)。我找到空位坐下，學生也願意把多出來的披薩分我吃。有個老成的孩子問我：「老師，等到你變老、而你重視的事情不再有意義時，你該怎麼辦？」

這個問題超級好，我一時啞口無言。

午餐開始幾分鐘後，學生紛紛坐好，餐廳也打開廣播節目。第一首曲子是麥可・傑克森的 Beat It。

學校裡的多數事情學生都會忽視，聽到這首歌，大家也是無動於衷，照常用餐。不過在餐廳的角落，突然有個九年級男孩站起來，接著開始跳舞。

他的動作令人難以忘懷，眞希望我能示範給你看。想像一下，有人在椅子上忽坐忽站，雙手無力地垂在身邊。那個瘦皮猴彷彿穿了約束衣在做深蹲。

接著他在原地跳動，學生紛紛轉頭看他。學校的午餐時段很少有什麼新鮮事，所以大家的反應特別慢。漸漸地，眾人都注意到這個蹦蹦跳跳的男孩，於是開始指指點點、交頭接耳、放聲大笑。

他們在嘲笑他，但那位同學繼續跳。

我的同理心大發作，我覺得很難受，心想這個可憐的孩子一定感到很丟臉。學生會長克莉絲就坐在附近，她也起身離開座位，沉穩地、緩緩地走向角落，接著對那位學生點頭致意（他尷尬地笑了），於是兩人一起跳舞。

有趣的是，她沒有自己發明舞步，而是和他一起做那彆扭的深蹲動作。

其他人哄堂大笑，我看著他們兩人上上下下，時間彷彿凍結了。我心裡想著：

「我絕不會做這種事。」

這個心情很矛盾，因爲我明明很喜歡跳舞。五歲時，父親帶我去參加教會的舞會，還跟我分享一個很重要的道理，並從此改變了我的成長經歷。

「休士頓，女孩喜歡會跳舞的男生。」

這二十五年來，我一直想證實這句話的眞實性。

我眞的很喜歡跳舞。看著這兩位同學那麼開心，我心情卻很複雜。

「我絕對不會做這種事。」我對自己的評語感到困惑：「爲什麼？我爲什麼不做自己喜歡的事情？」

當然，我很在乎這兩位同學的感受，不管他們跳得好不好。我也不是什麼舞林高手，只是不想看到大家嘲笑他們。但令我感到驚恐的是，如果是我下去跳，餐廳裡那七百位同學就會轉過來嘲笑我。

人生有各種大大小小的尷尬時刻，經年累月下來，就會凝結成那種恐懼感。小朋友一聽到音樂，都會開心地手舞足蹈。但隨著年紀漸長，我們只會記得別人批評自己掉拍、手腳不協調。爲了融入團體，我們需要他人的認同，於是慢慢地不再跳舞。最終我們學會好好坐著，並壓抑跳舞的欲望，因爲我們清楚旁人正在評頭論足、準備嘲笑一番。

聽到音樂我就想跳舞，卻總是坐著不動。其實多數人都跟我一樣，有意無意間會保持冷靜。爲什麼？這樣才不會出洋相啊！在一旁跟著大家笑，總比自己下場跳舞簡單多了。我們壓抑自己的獨特性，只想要從衆就好。每個人默默地同意並努力適應群體的潛規則。最後，我們只敢用腳打拍子，不再願意跟著音樂手舞足蹈了。

我忘記從什麼時候開始，把對舞蹈的熱情放一邊，而只在乎自己會在衆人面前出糗。爲了這些莫名的恐懼感，我放棄了許多自己在乎的事物，生活各個層面都很空虛。

在某些重要的時刻，我害怕被嘲笑，所以不敢跟心儀的人告白；我害怕被排擠，所以不敢替被霸凌的同學出聲。在我的人生中，有太多時刻都想跳舞，卻不動如山地安靜坐著。

換句話說，我的恐懼打敗了自己善良的一面。

那兩位同學越跳越起勁，七百個人嘲笑他們，但一點作用都沒有。

接著有兩個女孩離開座位，走到那個角落；雙人組合隨即變成四人團體。然後又有三個人加入……最後增加到十二人時，他們從餐廳的角落移到中央，圍成一個圓，繼續跳舞。

看起來真詭異，他們身邊圍繞著數百名學生，後者卻一動也不動。坐著的學生都在裝酷，還做出厭惡的表情，並互相使眼色，彷彿在說：「那樣跳好蠢喔。」

但是近距離接觸的影響力很強大，又有幾個學生加入舞蹈團體。

他們的決策過程就寫在自己的臉上：加入他們應該很好玩吧？人數變多的話，

氣氛會很帶勁吧！我應該不會被嘲笑吧？

大部分的社會中堅人士，都是等到局勢發展成熟後，才開始發聲或行動。但在每個成功事業的背後，都堆滿了成千上百個失敗的作品，還有追隨者。

中間餐桌的學生互看，彼此使眼色：「如果我去，你也去嗎？」

他們一起倒數，一桌八人突然加入。人多力量大：一起面對尷尬，比單打獨鬥的負擔更輕。

沒多久，其他學生看出這件事的必然走向。風水輪流轉，多數坐著的人還來不及抵抗，就迅速流失同伴。餐廳裡，七百個人突然都圍著這個頭髮蓬亂、舞姿怪異的同學一起跳舞。

不只學生，老師也加入，盛菜的服務員也開始跳，最後連校長也跳起街舞。

那個男孩的表情很有趣，半是開心半是驚恐。他應該覺得跳舞很快樂，又有點害怕，因爲他的舞姿竟然這麼快就走紅。我心想，與衆不同是多棒的天賦啊！也許要歸功於他的神經網路，他的大腦和我們不同，當中沒有嚴密的社交程式，所以他不會告訴自己：你的舞步眞詭異，給人當笑柄最適合。許多人都想追求那樣的自由，做喜歡的事情，不須顧慮外人那些可疑的意見。

這就是勇氣，寧願讓自己尷尬，也要去做在乎的事情。爲了熱情、信念、愛和善良而跨越恐懼，這就是勇敢。

勇氣不是無所畏懼，是願意在最尷尬的時候跳舞。

我一定要稱讚一下學生會長克莉絲。她不顧現場尷尬的氣氛，就在其他人都在訕笑時，她挺身而出，去陪那位男同學跳舞。她知道自己可以分擔對方的痛苦，讓衆人的焦點與笑聲不至於集中在一個人身上。

「同理心」的另外一個含意是「與人共患難」；明知會燙傷，也願意爲朋友赴湯蹈火；哪怕所有人盯著看，還是下場跳舞。

**世界所需要的善良 ♥ 挑戰尷尬的場面**

雖然默不作聲比較保險，但你願意主動表明立場，表現自己與衆不同的一面。

當然，設法配合他人、甚至譁衆取寵，你心裡會比較有安全感。不過，若你願意成爲小衆，忍受其他人的嘲笑，那就能挺身支持受苦的人。你深深知道，必須有人陪他一起分擔外界的批評。有這種自信，你就能奮不顧身地投入火海。只要你跳得夠久，就可以說服全世界與我共舞。只有離群索居的動物，才會發現無人踐踏的草地分外青綠。

## 挑戰尷尬的練習題

以下問題可以當作寫日誌和沉思的題材，你也可以和朋友討論看看，要如何克服某些尷尬場面，勇敢去做好事：

- 你記得第一次感到尷尬或丟臉是何時嗎？那對你往後的人生有何影響？

- 生活中你有哪些很關心的事情，卻一直不敢出面去參與？
- 有什麼方法能克服這種恐懼？
- 你何時放棄自己的興趣，能找到繼續下去的動機嗎？
- 在什麼情況下，你願意加入小眾，理由為何？

# 第十六章 羞恥感是個暴君

「羞恥感是影響力最強的情緒，在它的掌控下，我們會一直害怕自己不夠好。」

——布芮尼・布朗

眞希望我能準確指出，自己從什麼時開始感到能力不足。有些人非常清楚自己何時受到創傷、陷入痛苦的時刻。他們明確地知道，那些深刻的經歷直搗內心的黃龍。我總認爲，每個人都有善解人意的軟心腸。我們出生時頭頂最軟，而心裡也有柔嫩的一隅。有些人極其不幸，被有心人發現他們最敏感的一面，並刻意施加壓力。他們經歷了那些苦難之後，便開始認定自己不值得被愛。

在社會的潛移默化下，大多數人都認爲自己條件不好、能力很差。所以我們覺得自己學歷不好、智商很低、身高太矮、五官不精緻、胸膛不夠結實、腹部不夠平坦、賺的錢不夠多、住家不夠豪華；還擔心自己的臉書貼文沒有人來按讚。

不過大家都心知肚明，沒幾個人敢說自己符合標準。現代人的物質條件越來越充足，但文化層面還是一樣空虛，每個人都感到很自卑。我們都覺得沒資格說自己好，還常常自我否定，覺得自己比不得過那些菁英和聰明人。許多媒體和公司就靠著人們的自我懷疑和從眾心理來牟利，並且編造那些虛假的成功故事。

當我們覺得自己不夠格時，各種負面想法就會跟著出現。我們認定自己不值得被愛，也不需要被人好好對待，反正自己的人生很可悲。最終我們會放棄與人交流，也不想改變自己，寧願消極地活下去。

布芮尼·布朗在《我已經夠好了》中寫道：「羞恥感腐蝕了我們的信心，所以我們不再相信自己有能力改變。」

羞恥感就像絕望的深淵，在那一片黑暗中，內心不斷對自己低語：「我真的有這麼糟嗎……沒錯，我就是那麼無能。」雖然那些都是假設的情況，但你卻當成斬釘截鐵的事實。

羞恥感成爲你的內在評論員，並且不斷否定你的看法。那些都是謊言，但你會忍不住重複播放，日子一久，就會把它們當成鐵一般的事實。於是你不再挑戰那些懷疑論，而是全盤接收，讓人生各個層面慢慢退步。

你身兼被告、證人還有法官，在內心不斷交互詰問：「我永遠不可能像他們一樣好」、「你沒用，你是個負擔」、「我活該孤獨寂寞」、「你什麼事都做不好」。你認爲最了解自己，所以那些負面的看法都是實情。

沒有經過審愼思量，也不去詢問他人的意見，你就這麼判自己無期徒刑。於是你深信自己凡事都不如人，既沒有下場跳舞的勇氣，也不敢去跟心儀的人告白。

進入這個牢獄後，你的一舉一動便全都出於羞恥感和匱乏感，對生活不再懷抱希望，凡事都不知足。你不再想跟人眞誠交流，更不想做善事，人生變得毫無樂趣。在絕望之下，你什麼事都不想努力，於是更不可能去做善事。

住在羞恥感的牢籠中，你也很難跟人建立親密關係。最後你只會朝兩個方向發展：退縮或努力不懈。於是有人逃避責任，有人則發憤圖強。有些人發現自己不能過消極的生活，於是努力追求成長。有人在最無助的時候會關閉心門；反正眼不見爲淨，沒有比較就沒有傷害。

還有另一種人寧願投入永無止境的待辦清單中，反正只要事情夠忙，便沒有力氣去煩惱。這也是一種自我安慰和逃避痛苦的方式。過勞和消極是兩種截然不同的生活態度，但都有麻痺自我的效果。

當你處於麻木的狀態時，會分不清自己現在是過得幸福或痛苦，或是帶著仇恨或其他價值觀生活。就如同有家電導致電線走火時，整個房子都會跳電。

處理離婚問題時，我花很多時間研讀心理學的書籍，試圖釐清自己究竟有什麼毛病。我的工作專門跟人討論愛，但卻無力處理自己的親密關係。

滿口仁義大愛，自己卻做不到，這種感覺格外可恥。更令人痛苦的是，我所承諾的事情，自己根本就做不到。

在這段絕望的自省期，我在《紐約客》上讀到「四個火爐理論」[1]，作者是賽德瑞斯（David Sedaris）。概念很簡單：你的人生有四個火爐，每一個都象徵生活中的重要元素，它們分別是家庭、朋友、健康和工作。

如同時間和精力，我儲備的瓦斯量有限。因此，若你想在工作方面取得些微的成就，你必須關掉一個火爐；要得到真正的成功，就必須關掉兩個。

這個概念很好懂，足以讓我們反省自己的生活模式。比方說，我的工作小有所成，但代價就是婚姻和家庭。前面提到，我生活繁忙，婚姻又亮起紅燈，和朋友相處的時間也不多。每次朋友發簡訊問我要不要碰面，我多半只能回答有工作要忙，或是人在外地演講。久而久之，朋友經常被我拒絕後，就不會再想跟我聯繫。因此這個火爐就滅了。

我的三餐老是在機場或飯店解決；把演講時的來回走動當運動；隨後就上飛機睡覺。每天我都好疲憊，精神緊繃、體力越來越差。因此健康這個火爐也滅了。

工作上的成功值得我關掉其他火爐嗎？瓦斯全被工作火爐用光了。但我沒有覺得很開心，羞恥感也沒有消退的跡象。

正是出於羞恥感，所以我把火爐開到最大，全力烹煮美食盛宴，好讓現場一百個賓客都滿意。最後你還是很愧疚：爲什麼忘了準備甜點？你耗盡心力，卻還是認爲自己沒有全力以赴。羞恥感是大鍋子，在煮開熱湯之前，先慢慢煮熟你的靈魂。

若你的生產力是來自於羞恥感，就會持之以恆地拚命做，永遠不覺得任務有完成的一天。忙碌麻痺了我的感覺，我無法面對生命中最複雜的情感。我陷入羞恥感的漩渦中，每天爲了事業成功而努力，卻過得像行屍走肉一般。我遠離眞正有價值的事物：人際交流、親密感和善良。

想要煲出「善良」這鍋湯，就需要瓦斯、時間和大量的心力，但我卻關掉它，讓架上只剩工作那一爐。

羞恥感變成我工作的唯一動力。如此一來，我就能說服自己生活各方面都很匱乏，唯有努力工作，才能得到肯定。往好處想，事業成功的話，對社會也有一點貢獻。但這些表面上的稱讚，卻殘害了我的心。世俗上的成功可以有效滿足我們的羞愧感。工作上的表現得到肯定，我們就志得意滿。唯有走下舞台之後，才意識到自己在扮演不適合的角色，因而身心疲憊。

當然，哪個爐火最旺，就看你人生處於哪個階段。我們得好好判斷情況，發揮自主性，把你的瓦斯（時間和心力）用在對的火爐，而不要讓羞恥感主宰一切。

自省過後，我才知道那四個爐火要平均分配，於是花了兩三年的時間調整各項事情的先後順序。本來我每年有一百二十天在外出差，如今減成七十天。這不像開關瓦斯爐那麼簡單，得設定生活的規矩，才能重新調整作息。但這麼做很值得。現在我有更多時間能跳舞、做飯。朋友想找我聊天時，我也會興奮地馬上回覆：「好喔！」

---

## 世界所需要的善良 ♥ 接納自己的各種情緒

即使是最不舒服的感覺，也是你自我的一部分。若你能學著接受它們，生活就會更有活力。如此一來，你就能學會知足、惜福，不會逃避生活，也不會找方法麻痺自己。你的生活會更有深度，而且目標更清楚，身邊也會有更多關懷你的人。找到平衡點，充分地關心自己的狀態，你才能將爐火分給其他人。唯有坦承地面對生活，你才知道自己沒有時間去做每件事，但你能做到的事情都夠好了。

## 克服羞恥感的練習題

以下的問題可以作爲寫日記或沉思的題材，你也可以與朋友討論，看看如何面對自己的羞恥感，並分析它如何影響我們的人際交流：

- 你覺得自己哪一部分無法改變？它如何削弱你的善心，讓你無法好好對待自己和他人？
- 你會刻意去壓抑哪些情緒？你是否發現，若你對某些負面情緒視若無睹，好心情也會跟著消失？

- 你關掉人生中哪一個爐火？你的善行是否因此受到影響？
- 到目前為止，本書哪一段你覺得最不滿意？你能否清楚地描述你每天的內在對話？
- 你的人生有哪些層面很富足？而哪方面比較匱乏？想想看你的評估是否有道理，你有因此變得更善良嗎？

沒人喜歡去回味恐懼的心情。但療傷是個漫長的過程，就像刮掉牆上一層層的油漆。想要傷口完全癒合，你就得充分感受各種心情，這需要幾個月甚至好幾年才能成功。心靈怪物每天明來暗去，大大影響我們的生活，我們必須勇敢面對它們，才能解除身上的枷鎖。要打敗魔鬼，就不能對它們視若無睹。努力搏鬥，一次又一次地跟它們交手，最後原諒它們的莽撞無知，跟它們結伴同行，繼續完成人生的旅程。

這是個曠日廢時的任務，也會耗弱你大量的心神。事實上，爲了培養深度的善意，就是得不斷努力和練習。而且大家的生活都很忙碌，的確會造成許多不便。但是，這件事情值得我們付出寶貴的時間。所以不要再欺騙自己，以爲自己可以撐下去，欣然接受這個任務，終究會有撥雲見日的一天。

# 5

# [ 沒有決心 ]

在德州某間高中演講完後，有個高年級男孩走到我面前。他穿著學校運動服（顯然家人買大了一號），揹著背包，肩上掛著另一個袋子，裝了運動用具，準備趕去練習。他長髮飄飄，輕鬆地揹負著沉重的袋子，笨拙卻不失優雅地說：「聽過你的演講後，我發現自己是個眞正的好人。」

我笑了。有時很難猜到高中生是否在爲難你，也許他跟朋友打賭，要他虛情假意讚美我，看我有何反應。也許他打算告訴我，我的演講無法改變現狀，人們還是我行我素，我何苦繼續在美國各個學校巡迴？

有些心灰意冷的學生會想設法說些喪氣的話，藉此引起我的注意，我早就習慣了。

我回覆：「太好了！很高興聽到你這麼說，這就是今天演講的重點。」然後我轉身與其他排隊的同學交談。

他繼續舉手發問，看來他下定決心了，所以略微發抖。他沒料到這次談話也需要一點勇氣。他在我轉移注意力之前繼續說：「你沒聽懂。聽完演講後，我發現自己是個友善的人，但不算是個好人。」

「什麼意思？」我對文字斤斤計較，這下我倒頗感興趣。

「每個人都認爲自己是好人，因爲對人友善很容易，這是被動的回應。你懂我的意思嗎？」

我點頭，鼓勵他繼續說。在這一小時的演講中，他一直翻來覆去地在思考，腦中的洗衣機不斷洗掉異物和頑垢，準備篩出重要的想法。

「好比說，只要是方便又簡單的小事，大家都會互相幫助。這是很自然的反應。有人對你好，你也會對他好。你同意某人的看法，也會對他好。看到有人掉了東西，而你會順手撿起來，搞不好對方還會報答你。」

我內心竊笑，腦中閃過些許回憶。每當旁邊有可愛女生時，我都會表現出好人的樣子，也許那時在展現友善的態度而已，而非做好事。

他繼續說，口氣越來越生動。「可是，假如是不方便、不自在或無法得到好處的情況，大家就不會做好事了。同學們的問題就是這樣，沒有人願意做對自己沒好處的事情，連打掃工作都得靠老師來分配。大家都很幼稚，只想要贏得人氣，所以唯有能博得他人注意的事才有價值。今天的主題是善良，但我打賭禮堂有一半的人對此嗤之以鼻，心想：『我本來就是好人，爲什麼還要聽這個路人甲說教？』」

這倒點醒了我。身爲演講者，這是必要的自覺，觀衆靜靜地傾聽，但不見得有聽進去。

「我很生氣！大家忽視這些事情，又要抱怨校園風氣很混亂。每個人都會說自己是好人，卻又繼續做那些幼稚的蠢事，沒事就在吵架。」

他說得很有道理，發牢騷誰不會，但改變習慣要很久。我們都會陷入這種自以爲是的陷阱。我們自認爲做事光明磊落，卻又要抱怨自己很辛苦。我們瞧不起走歪路的人，還大聲誇耀自己走的路才是正道。

「我認爲對人友善很容易，因爲它是被動的反應。至於當好人、做好事就困難多了，你今天講得很有道理，那需要積極主動才能完成。」

「說得好。」這孩子金句連連，我想聽下去。

他有點臉紅。這倒妙了，這個比我高八公分的同學剛剛沒這麼客氣。

「做善事無需附帶條件，不是被動地等人要求，而是主動出擊。好人會不遺餘力尋找需要幫助的人，再找出伸出援手的辦法。不該等別人先對我們好，才願意對他們表示善意。就算你不同意對方的觀點，他們身上還是有可貴之處，值得你好好對待他們。」

我眞想帶著這位同學一起巡迴演講。

「爲什麼我們總是要等人提出請求，才會出手幫忙？爲什麼我們總要等壞事發生，才會明白和樂相處很重要？」

此時他已經熱淚盈眶，看得出來，他心裡有些想法已經成形了。無論原因是什麼，聽完我分享的故事和看法後，他也解開糾結已久的疑問。說故事很有效，能夠把聽者心裡的鑽石擦亮。聽故事時，你也會在心裡比對個人的經驗，於是拼圖就完成了，總算找到我們遺失的那一片。看到這些茅塞頓開的學生，我覺得很榮幸，也感到自己的工作很有意義。這就是我的人生大事。這些交流很寶貴、很稀有。

「你今天說善良不是平常的小事，我非常認同。但我希望事實不是如此，最好是一出生我就懂得與人為善。我今天才意識到，這其實需要大量的練習……我還有很長一段路要走。」

「是啊，」我點頭：「我也還有很長的一段路要走，一起加油。」

我擁抱他，向他表達感激之情。謝謝他體會到這個顯而易見的事實。很少有人會去實踐這些道理。我鼓勵他分享多多與人分享，讓更多人開竅，不要只收在櫃子當成收藏品而已。

善良很重要，大家都知道，但不是每個人都願意做。最危險的是，每個人都自認是好人。

爲什麼？因爲友善會轉變爲輕蔑。你會變得自以爲是，反正自認是好人，就不需要再追求成長與改進。這樣的自信最傷人。

他們不常自省，自以爲在幫助別人，其實是在滿足自己的虛榮心。若有人不接受他們的好意，他們就會升起防衛心，心裡想著：「竟然拒絕我！我可是在幫你們呢！」這是傲慢，而不是慷慨。

這些虛偽的人會看場面擺臉色。在你面前是一套，在別人面前又是另一套。他們會虛情假意地稱讚：「好漂亮的衣服！」背地卻取笑你。他們會在派對後幫忙收垃圾，但前提是要有人看到，才能爲自己加分。

自以爲在做好事，卻是爲了滿足自己的利益，這是最可怕的心態。

我們很容易混淆友善和善良。這兩個字可以混用，但了解它們之間的差別，才能打造更美好的世界。大家喜歡表現友善的樣子，因爲那就如撒碎花紙一樣輕鬆。不過，這種善行的效果有限，不能改變現狀，也不能眞正幫助他人。

爲什麼？表現友善的態度很容易，但這只是被動地應付情況，或者是要滿足個人的目的。表現友善很容易，因爲一切都以你爲主：有時間、看心情、看感覺，只要沒有損失，當然可以對人好。

但善良不一樣，你得積極主動才能幫上忙。

對方不必付出任何報酬，我們就會想去攙扶或安慰他們。不必發生什麼壞事，我們也願意與人友好相處！

以我爲出發點就不是善行。善良是同理心，因爲每個人都需要受到關注和讚美，也該得到別人的幫助與鼓勵。善行不應受限於你的感覺和心情，你隨時都可以去鼓勵、支持和讚美朋友。

當我們明白善良的眞正含意與深度，那卽使你今天心情不好，也還是有動力去採取行動。想要成長、進步並放大心靈的格局，代價非常昂貴，一定會犧牲掉生活的便利性和舒適度。

當自我往後退，善良才能挺身而出。行善的時間像擠牙膏一樣，擠一點總是有的。當你不期待回報，就能隨心所欲地做好事。

簡言之，友善的態度不能改變世界，但善行就可以。大家都喜歡微笑地打招呼，反正那不用承擔任何責任，也不用付出任何代價。友善的舉動效果有限，它改變不了大局，正如同隔靴搔癢一樣，無法根治問題。

其實多數的善行都不是舉手之勞，要付出相對的代價，如時間和心力，才能完成。唯有放下身段、跨出舒適圈，才能眞正幫助他人。但我們行善大多是看心情，所以不願犧牲自己的利益去幫忙。

這就是本章的重點。每天我們有各式各樣的感覺和情緒，但它們不該成爲行善的阻礙。只要找到令人信服的理由，你就可以堅持下去。

打造良善的世界並不容易，每個人都得投入許多心力。但我們都不覺得自己有那個美國時間，所以寧願過著冷漠的生活。

# 第十七章　再怎麼忙，也要和你喝杯咖啡

再怎麼微小的舉動，只要持之以恆貫徹到底，一定能呈現出特殊的成果。細微的瑣事也能展露巨大的愛意。當我驀然回首，才發現三明治和便利貼的重要性。

有些壞消息真的很可怕，一聽到就令人身體發麻，不知該如何是好。

電話響起時，我正站在廚房吃麥片，並準備出門去某間學校演講。當時還不到七點，顯示號碼是我姑姑打來的。我不由得焦慮起來，這個時間加上這個人是不尋常的組合。

「休士頓，你媽媽剛做完結腸鏡檢查。」

我甚至不知道她要去做這個檢查。

「醫生認爲應該是癌症。」

我突然往後靠向流理台的櫃子，雙腿發軟，全身顫抖，就像開了廚餘處理機。

「我很遺憾。我們會想辦法。」

她把電話交給我媽。誰都不想當這種壞消息的傳聲筒，很感謝姑姑這麼勇敢，她的確做了件善事。

我生命中有一小撮人，是我認爲每個人都該認識的對象，我媽就是其中一個。我是獨生子，也是媽寶。媽媽是我人生的榜樣和偶像，完全符合本書所描繪的大好人。也許我應該把這本書命名爲《像媽媽一樣：長大後還算正直的獨生子之告白》。

媽媽每天都幫我準備午餐，直到我高三畢業那一天。有些人覺得沒必要，但服務就是愛，因爲當事人花時間準備了無可替代的禮物。我的高中生活忙得不可開交，她每天幫我準備午餐，我才有時間完成排山倒海而來的事情。她把準備午餐當成每天的第一要務，我在學校才有體力上課。

我每天都能吃到用錫箔紙包好的費城牛肉三明治、一小包薯片、一小盒生菜和一瓶碳酸飲料。

還有一張便利貼。

她每天都會寫一些東西，包括本週生字、金玉良言或是一小段感性的話，讓我記得自己是被愛的。

老實說，第一次有寫書的念頭時，我打算把書名取爲《媽媽的午餐便利貼》。我先前提過，便利貼就是我所反對的「碎花紙般的善良」。但我要澄清，這些便條不是隨便寫的客套話，而是具體又貼心的內容，每天都寫。

再怎麼微小的舉動，只要持之以恆貫徹到底，一定能呈現出特殊的成果。細微的瑣事也能展露巨大的愛意。當我驀然回首，才發現三明治和便利貼的重要性。

那天早上通完電話之後，我哭了很久。我不知道自己能做些什麼，只好先開車到我當天要演講的學校。演講時，我用最得體的方式傳達這個消息，最後請全校師生幫我錄下這一段話：「愛最大，癌症閃邊站！」接下來三個月，我每到一所學校演講，都會請大家陪我錄這段話，最後一共有五十則。

可惜的是，醫生的判斷很正確，媽媽確實得了癌症第四期，癌細胞已從結腸轉移到肝臟。我想在網路上搜索相關資訊，卻哭得無法自己。

原來媽媽先前把例行的結腸鏡檢查延後了一年，因爲她說沒有時間。附帶一提，如果你有類似的問題，拜託，看在我媽媽的份上，想一下有多少人在關心你，也爲了自己好，去醫院一趟吧。現在就放下這本書去打電話預約門診。

有時，一段白底黑字的簡單資訊，會讓你思考人生最重要的是什麼。

幾年前，《華爾街日報》上有篇意義深遠、尖銳得令人惱火的文章，題目是「你眞如想像中的忙嗎」。作家范德康（Laura Vanderkam）請我們認眞思考一下自己的時間觀念。[1]

她建議，與其說「我沒時間」，不如改成「這件事不是優先要務」。因此，若你想說「我沒時間去看醫生」，那等於告訴自己「健康不是優先要務」。或伴侶想跟你談相處的問題，你說沒時間，那等於暗示你們的關係不是優先要務。

花時間就代表重視、關心那件事。因為我們最有限、最重要的資源就是時間。可惜的是，無論是出於個人選擇或環境所限，我們都沉迷於某種用時間的方法，讓自己勞碌又繁忙。

前面提及，對許多人而言，忙碌代表充實，這就不用多做解釋。除此之外，社會最常用來衡量成功的標準，就是利潤、投資回報率和任務完成度。想要人生有意義又值得被愛，就要努力工作。因此，待辦清單格外重要。每個人都在筋疲力竭地推動經濟和自己的人生前進。

資本主義就像一列文化貨運列車，我們偶爾才會意識到自己不是列車長，而是被綁在鐵軌上。這時火車大盜出現，恥笑我們的下場，然而我們就是想不出掙脫的方法。

「忙碌」推動著經濟和社會的巨輪轉動，但也壓垮了許多善意和善行。在一九七

○年代，普林斯頓神學院進行了相關的研究，而結果令人感到遺憾。[2]

他們把一小群學生帶到A大樓，並對其中一半人說，他們必須在短時間內準備面試工作的講稿，再到對面的B大樓發表。

另一半學生則收到指示，他們將以「好心的撒瑪利亞人」為主題來練習講道，準備時間很短，地點也在對面的B大樓。也許你已經猜到了，這個研究的目的是，看看學生會不會停下腳步幫助有需要的陌生人。

兩場講座的主題截然不同：一場是關於職涯，另一場則是關於助人的熱情。

研究人員在A大樓和B大樓的走道間安排了一個看似痛苦、顯然需要幫助的路人甲。他們假設，準備要練習講道的那群學生比較有同理心，因為「好心的撒馬利亞人」是一則關於幫助陌生人的寓言。

那請問他們有對那個路人甲伸出援手嗎？答案是沒有。

研究人員發現，當事人是否會停下腳步幫忙，決定性因素在於他認為自己是否有充足的時間，不管是要去佈道或面試求職。

而我們每天也都是匆匆忙忙地從A趕到B點之間，從來不覺得自己有時間做其他的事情。

我媽經歷了十一次的化療。麻省總醫院的頂尖外科醫生爲她切除結腸和七成的肝臟。之後她在醫院住了七天，我也都陪著她。醫療團隊在她的病房進進出出，我大概看過二十個工作人員，但其中一人令我印象最深刻。

她給自己取了一個綽號叫作「棒透了」。我問她爲什麼，她理所當然地說：「很多人說我『棒透了』，我決定就這樣叫我自己了。」

她立刻成爲我最愛的護理人員。她會唱歌進來，跳舞出去。她小麥色的皮膚是那麼健康，眼神散發的熱情勝過擁抱。有一天，「棒透了」和我媽想在醫院的大廳裡散步。做完這種大手術，醫生希望病患只要有力氣就盡快起來走動。「棒透了」突然開始唱〈眞善美〉，奇妙的是，我媽高中時在話劇社就是扮演那個主角。「棒透了」和我媽一起唱那首歌，雖然他們都忘了歌詞。

我媽那天下午走的步數比平常多了一倍。

提筆至此，我媽的癌症已經三年未復發。二〇一八年，我們和學生一起去烏干達參訪，也把她帶去。去非洲是她的人生夢想，但她二十年來從未抽出時間去實現。趁著這次機會，她幫我慶祝三十歲生日，而我陪她過六十歲大壽。

我經常想起她在麻省總醫院的日子，也花了很多時間懷念「棒透了」。每個護理師都很能幹，也都有愛心，他們都有類似的任務：留意點滴的速率、發藥、向醫生報告。

大部分的人都能完成分內工作，卻無法令人印象深刻。把事情做完不等於做得精采。爲什麼？你完成待辦清單上的所有事項，卻沒有考慮到「你想成爲什麼樣的人」。

「棒透了」護理師不但履行職責，個性有趣又熱情，還很會鼓勵他人。她把這些特質轉化成日常的一舉一動。因此，要把一份工作做好，能力、善良和細心都要兼備。

我們都希望自己變成好人，做人體貼，還懂得感恩、擅於傾聽、態度謙虛又寬容。但那些是抽象的特質，沒洗的髒衣服、電子郵件，快到死線的專案才是看得到的問題。以目前的文化來看，把事情做完，在待辦清單上打勾，可以帶來最大的成就感和滿足感。

相較之下，「自我實現清單」（To-Be List）比較抽象，也很難用生產力去衡量。在商業世界，我們喜歡計算待辦事項的完成度，但是無私和利他精神卻很難用試算表和會計系統衡量。因此，我們多半忙於具體的待辦事項，希望自己最終將成爲理想中的好人，既慷慨又有耐心。

可惜「自我實現清單」和其他技能或成就一樣，需要大量的練習和實作。正如美國歷史學家威爾．杜蘭在《哲學的故事》中提到：「重複的行爲造就我們的特質。卓越不是單一的成就，而是由習慣累積起來的。」

也就是說，要達成某種成果，就得長時間不斷地練習。想要培養感恩的心，就得常常細數生活中的美事。想要唱歌安慰朋友，平常就得多練練歌喉。假日想去當志工，就不能老是把工作帶回家做。

我的朋友戴維斯告訴我：「學習才能不斷成長。」

爲了培養正面的特質，包括善良，就得重新安排大小事的優先次序，找出要需要反覆練習的項目。我們必須承認，忙碌沒有止境的一天，它是被文化和同儕壓力所推動的。我們埋首於盈虧結算，最終卻只能取得皮毛一般的成就。衡量品格高低並不容易，但依舊應該重視。

衆所皆知，世界需要更多的善意與善行，但唯有挪出寶貴的時間才能完成。所以我們要更改行程表，多花點時間練習唱歌或服務他人。時間就是我們所擁有的珍貴資產，而回收率最高、最有成效的投資，就是眞心幫助他人。

只要花個幾秒，就能表現善行。偶爾做些碎花紙般的好事也沒關係，日積月累下來，就能培養出深度的善意。每天找時間思考一下，看看如何分配時間去培養正面的特質。比如關心剛失業的朋友，或是每天早上花一分鐘，發簡訊向三個至親好友表達感謝。或是在家人的便當盒上貼個便條紙，簡單又有意義，可說是「棒透了」。

# 第十八章　爲工作累死自己不如多做善事

要培養深度的善意，就要付出代價，如果情感帳戶裡沒錢，你就很難展現大愛，只能斤斤計較。

雖然百般不願意，但我經常在機場跑到汗如雨下。尤其要轉機的話，就得從A航廈一路衝到K航廈。我沒到場的話，演講活動就會唱空城，若不小心錯過航班，就要趕快去租車。

有許多次我開車到學校後，只剩半個小時的休息時間。現場有幾百名中學生，但我得克服時差、打起精神演講。有時還接連著另一場演講，等它結束後，我又趕緊開車去機場，準備前往另一州。我們前面談到忙碌的風險，但從我個人的經驗就知道，我們難免希望旁人知道自己有多拚命（其實是自作自受），行程有多滿。

有許多人迫於生活所需，忙得不可開交。為了家人的生計，他們得永無止境地拚命衝刺，直教人沮喪。貧富差距擴大，有不少人是單親父母，還得兼職多份工作。這些故事沒什麼啟發性，聽了只會覺得很難過。這種不合理的行程表不只成人有，早上七點半你去校門口看，全都是如喪屍一般的中學生，他們無精打采，準備接受一整天的精實教育，行程比大老闆還緊湊。

各年齡層的人都很疲憊，這導致兩個負面後果。首先，每個人都睡眠不足，變得易怒或尖酸刻薄。接著，你沒有精力經營人生，光活下去就很難了。然而，要培養深度的善意，就要付出代價，如果情感帳戶裡沒錢，你就很難展現大愛，只能斤斤計較。

超過四成的美國人睡眠不足，跟六十年前相比，我們的睡眠減少了一小時。研究還指出，睡眠不足的話，大腦負責控制情緒的功能就會受影響。

加州大學柏克萊分校的「睡眠和神經影像實驗室」主任馬修．沃克（Matthew

Walker）說：「睡眠不足的話，大腦會回到更原始的運作模式，無法把情緒產生的來龍去脈想清楚，就無法做出受控、合宜的反應。」[1]

我們晚上沒時間做夢，也很難跟人有情感上的交流，畢竟沒有付出心力，就很難創造友善的生活。除了睡眠習慣的問題，忙碌的生活也會耗損身心的能量，導致睡眠品質更差。每天面對那麼多事情，大腦要處理那麼多資訊，我們因此感到不堪負荷、情緒瀕臨崩潰。

與一百年前的人相比，現代人每天接收的資訊千奇百怪。在五分鐘內，我們先在臉書看到前女友的照片，接著滑到小狗嬉戲的影片，再往下變成悲慘的頭條新聞。短短幾分鐘內，我們的情緒就從嫉妒、歡樂轉成傷心欲絕。

有時我們甚至沒意識到自己有這麼多感受。接收資訊只要幾秒鐘，但大腦理解的速度跟不上，便無法即時做出回應。因此，我們常常覺得身體跟不上大腦，看太多新聞的話，會不自覺地感到疲憊。各種事件的戲劇性發展令大腦難以消化，久而久之，我們就會對新聞跟資訊感到麻痺了。

因此，在現代社會中，想要做好人也很難，因為我們每天接收太多負面情緒了。後面我會提出一個情緒字彙表，並列出這些感覺的強度與深度。這個分類表有其用意，有助於我們了解自己確實經歷了哪些事情，而不只是歸納成模糊的心情，諸如「生氣」、「傷心」、「高興」或「害怕」。

這些差異很重要！「多吃蔬菜」是個籠統的觀念，比不上「多吃花椰菜」、「料理盡量用水煮」、「鳳梨富含維生素C」那麼精確。透過情緒列表，我們就更能駕馭各種心情。我們能夠識別每種感受，更快地察覺它們如何影響行為，並深刻理解先前經歷了什麼事。亞里斯多德說過：「了解自己是智慧的開端。」現在請你把蔬菜和亞里斯多德放在心上，並透過圖表自問下面這些值得深思的問題：

- 你今天有清楚感受到什麼情緒嗎？
- 今天所接收到的資訊，讓你有意或無意間地感受到什麼情緒？
- 哪些心情會讓人想做善事？而哪些心情會讓人麻木？

● 你認為社會上普遍蔓延哪種情緒？為什麼？

| 主要的情緒類型 | 強 ⇐ 弱 | | | | | | | | | | | | | |
|---|---|---|---|---|---|---|---|---|---|---|---|---|---|---|
| 生氣 | 被激怒 | 惱火 | 緊張 | 嫉妒 | 灰心 | 失望 | 憤恨 | 感到討厭 | 暴怒 | 勃然大怒 | 極度憤怒 | | | |
| 傷心 | 無精打采 | 氣餒 | 沮喪 | 冷漠 | 陰鬱 | 悶悶不樂 | 寂寞 | 羞愧 | 消沉 | 沮喪 | 無望 | 絕望 | | |
| 害怕 | 錯愕 | 擔心 | 不安 | 緊張 | 焦急 | 驚恐 | 被拒絕 | 尷尬 | 疏離 | 低人一等 | 信心不足 | 不堪負荷 | 極度恐懼 | |
| 高興 | 放鬆 | 滿足 | 安心 | 快樂 | 充滿希望 | 自豪 | 有趣 | 自信 | 樂觀 | 熱心 | 得到啟發 | 欣喜若狂 | 快樂 | 慈愛 |

只要多加留意，你就會發現生活容易被「生氣」、「傷心」和「害怕」等情緒困住。你當然不想一直處於那種心情，社會脈動卻逼你得待在那裡。所有人都期待你保持忙碌，而你也無意識地順從這股潮流，把自己弄得疲憊不堪。在資本主義的影響下，每個人都覺得自己有所不足，所以不斷地在追趕某個目標。但我們的心理素質不夠強大，所以很容易爲小事惱火或缺乏安全感，最後變得麻木。一旦這成爲你的生活模式，那你整個人生就只會做些自我保護的事情。在這支離破碎的體制中，每個人都身心疲憊，只求三餐溫飽就好。做善事是奢侈的事，而善良只是個精神象徵而已。

## 世界所需要的善良 ♥ 卽知卽行

無論你心情如何，都可以做一些大大小小的善事，並深入理解他人的需求。就算工作勞累、每天筋疲力竭，我們還是繼續去上班、上學、設法把日子過下去，並設法發揮生產力。既然如此，我們應該還是能找到清晰的生命意義，設法做一些微小的善事。最好能重塑自己的生活模式，好好分配自己的精力和時間，把生命意義擺在第一位，而工作成果擺在其次。

# 第十九章
# 「不希望有人像我一樣孤單」

要有明確的動機，你才知道要做什麼，不會摸不著頭緒。光有利他精神還不夠，想要有強大的意志力去行善，一定要設法培養某些使命感。

在第一堂課的鈴聲響起前一小時，凱登就會出現在校門口幫大家開門。在高二高三那兩年的上學期間，沒有一天例外。

有時天氣寒冷，有時他在前一晚熬夜溫書，有時學生嘲笑他雞婆，他都堅持不懈。凱登決心透過這個小小的服務來行善。

凱登高中畢業幾年後，我有機會在領袖營與他共事。我問他，每天去當義務的工友是不是很辛苦。他笑了笑，只說：「早上很難爬起來。」

他坦白說，其實有好多天是不想去的。但爲何情緒不到位還能持之以恆？他回答道：「我只是不希望有人像我一樣孤單。」

達克沃斯博士在研究恆毅力時發現，有韌性的人都有個共通點，他們都有深刻、明確的人生意義。[1]他們知道自己所做的事情背後有何確切動機，所以願意主動出擊，即使得面對挑戰，也會設法去克服。

「我不希望有人像我一樣孤單。」凱登這句話很有同理心，比起「當好人」或「每天幫大家開門」更深刻、更有意義。要有明確的動機，你才知道要做什麼，不會摸不著頭緒。光有利他精神還不夠，想要有強大的意志力去行善，一定要設法培養某些使命感。除了打造紀律，知道行爲背後的意義，才能堅持下去。

生活中大多數的感受都很難讓你變得更善良，因爲它們都跟產能、生存和自我意識有關。我們應該擺脫這種自私自利的思考模式，改以更有意義的方式對世界貢獻一己之力。我們多少知道自己沒有動力，那該如何騰出時間多做一點善良或慷慨的舉動？

我們應該常常提醒自己，相較於個人的感受，人生的奮鬥目標更重要。我們都會根據當下的心情做決定，讓悲傷、快樂等情緒左右自己的行動。真若如此的話，那麼我們人生的道路就會很狹隘。一切都只看自己的情緒起伏。

設法擠出時間，好好想想生而爲人的目的，你一定會有所收穫。找出自己的奮鬥目標，把個人的情緒擺在其次，便能根據利他精神來調整自己的舉止，而不會跟著轉瞬即逝的情緒團團轉。

以下這句話改編自英國作家柴斯特頓的名言：「縮小你的存在感，人生之海就會更浩瀚。」

---

**世界所需要的善良 ♥ 奮鬥**

爲了實現人類的共同幸福，我們應該跨出舒適圈。克服眼前的考驗，才能讓愛心長長久久。我們不該只是被動地希望世界和平降臨。我們必須日以繼夜、堅忍不拔、積極進取，才有一點機會創造富有同理心的世界。在最艱難的時刻，那口徒手開鑿的深井會不斷流出有意義的泉水。憑著深度的善意，我們要跟情緒宣戰，每天調整行動，讓它們節節敗退。就像每天出現在校門口的那位同學，我們都希望不再有人會覺得孤單。

# 6

# [持之以恆]

市面上有許多標榜跟善良有關的日曆、日記和工作手冊，上面提供許多好點子，讓你每天都能做一點好事。

不過，這些製造商大多沒正視嚴峻的現實，即使有三百六十五個點子，社會的凝聚力還是沒有出現，無法做出系統化的改變。爲什麼？我們得先承認社會是個大泥沼，大家的上半身都很乾淨，雙腳卻深陷爛泥中，只能拍半身照，而且還寸步難行。

說到善良，這個食譜很複雜，最重要的食材就是自省（而且還很難取得）。有些觀念我們根本沒有意識到，也從未學習過某些社交技能，只能見招拆招。我們成年之後，並未主動去參加情緒調節或寬恕的課程。心理治療師能幫助我們放下部分的不安全感，但我們鮮少想到恐懼是因爲缺乏愛。所以我們也不曾想到安全感與行善的關係。

生活忙碌的話，你就不會留意到自己有一些細微的情緒，也不會發現它們是你行善的阻礙。你沒有時間去覺察自己的情緒。有些人會去參加自我探索或尋找意義的工作坊，但多半都與事業或自我成長有關。

但我們更應該去找出行善的阻礙。在情感拼圖中，唯有直視自己的內心，從混亂中理出頭緒，才能找到關鍵的那一片。想要充分展現善意，就要有堅持不懈的精神，不但要培養相關的技能，還要不斷探索自己的靈魂深處，頭腦才會更清晰，才不會只做出「碎紙花般的善行」。

要創造更良善的世界，確實是大工程。讓不尋常的善行成爲日常習慣，似乎是緣木求魚。該怎麼做，才能讓更多人停下腳步去幫助有需要的人？

南非的民權領袖屠圖大主教說：「吃大象只有一種方法：一口一口吃。」

這個道理用在行善又是什麼意思？

美國記者杜希格（Charles Duhigg）在《爲什麼我們這樣生活，那樣工作？》中提到，我們一天有四成五的活動是建立於習慣之上，照這個比例來看，人生幾乎有一半的時間都在自動駕駛模式中。

那些有能力改變人生、校園或社區的人，每天都著眼於微小而重複的事物，而不是大規模的工程。他們都了解到，習慣塑造一切。既然一天中有四成五的時間都是重複的行爲，那只要每天做出百分之一的改變，日積月累下來，就會比任何一次的大變動更有效果。

以我媽媽爲例，她每天都會在午餐盒上貼小紙條，並親自送到校門口。同樣地，爲了打造更有同理心的生活，你願意持之以恆去做哪件事情？想要建立正面的生活習慣，每天只要改變百分之一就好。

布芮尼．布朗發現，改變思想框架是非常重要的。從許多案例和訪談中，布朗博士觀察到，善良的人其實會在各方面設下清楚的界線，並懂得適時「說不」。這似乎不符合我們的預期。但事實證明，唯有理性地拒絕他人，你的肯定和接受才會更有意義。

根據這些研究成果，我們了解到，別想每件事都面面俱到，否則沒有一件事做得好。

本書即將進入尾聲，我希望你能養成深度善意的習慣，讓四成五的人生都受它所影響。一口一口吃大象，每天或每週有一點進步，那你的言行和心靈最終也會有所轉變。透過重複的行爲，就能重新塑造自己的個性。如果世人都培養出某種善良的習慣，那應該會很酷吧？每天多出百分之一的善行，成果一定會很可觀

杜希格在前述的著作中提到，要養成習慣有三個大要素：提示、慣性行爲和獎勵。提示（下班、看到冰箱、鬧鐘響起）出現時，我們就展開慣性行爲（坐到沙發上、找零食、穿上球鞋），並得到獎勵（腦袋放空、血糖升高、跑步產生多巴胺）。

回到善良這個領域。爲了培養體貼他人的習慣，你也可以設下提示、慣性行爲和獎勵。我向你下戰帖，接下來的一個月，把這本書放在玄關，每天出門時看到它時（提示），就準備做一件善行（慣性行爲），除了幫助他人，也能讓自己心情好。行動之後抽出時間反思一下，感謝自己這麼有愛心（獎勵）。

我們就快分道揚鑣，最後我想給你三個禮物：

1. 如何每天做出百分之一的改變。

2. 如何構思行善的創意。

3. 三十天的行善清單。

# 第二十章 除了蛋炒飯，你還有許多菜色可以點

善行也有經典款，只要重複執行，就可以避開令人不知所措的選擇障礙。

善良是一個偌大的概念，生活各個領域和人際關係都會用到。所以「做善事」就像「去運動」一樣，範圍很廣、內容很模糊。善行的選項非常多，就如同某些中式餐館的菜單一樣，有許多美味的佳餚可選擇。而大腦不知道怎麼處理的話，就會選擇熟悉的事物，或完全放棄做決定。

我第一次去中餐廳時菜單看了半天，猶豫了一陣子後，終於決定點蛋炒飯。這個選擇是對的，後來我每次去中餐廳都點蛋炒飯。

社會也是用這種方法來推廣善行。無論是學校大廳或公車站牌廣告，我們都能

看到一些好人好事的範本，比如隨手捐出身上的銅板或是保持感恩的心。這些經典款的善行就像我最喜歡的蛋炒飯一樣，只要去中餐廳就點它，這樣就可以避開令人不知所措的選擇障礙。

近年來，「善良」菜單上最熱門的菜色有自由擁抱、買待用餐、捐錢給動保團體等。此外還有一點傳統的項目：扶老太太過馬路、送棉被給遊民、隨手撿垃圾等。這些都不是壞事，只是太普及了，所以我們應該想出一些更新、更有意義的點子！

要想出獨特、具體、有影響力的善行，我最愛的技巧就是「交會思考」。這種思考架構很簡單，它範圍有限，又可以提供創意。第一步是進行腦力激盪，挑出「人、事、時、地、物」等類型，並把範圍縮小。這樣你就不會天馬行空地亂想，而是有明確的目標。

例如在人物這個類別，我們可以思考要對誰做善事。「我要對人好一點」這個說法就太模糊了，先設定條件，才有助於我們發揮創造力。

想想看，你要對誰做出有意義的善行：

- 我自己
- 我的父親
- 我的母親
- 我的家人
- 我的兄弟
- 我的姊妹
- 我的寵物
- 我的祖父母
- 我的姨嬸叔伯
- 我的孩子
- 我的老師
- 我的同事
- 我的老闆
- 我的郵差
- 我的牙醫／醫師／小兒科醫師
- 消防員
- 警察
- 咖啡師
- 服務生

這個名單可以無限延伸下去。找出對象後，可以增加其他的類別，這樣可「交互思考」的內容就會更加具體。第二個類別可以是時間。

想想看，何時要做善事：

- 每天
- 每週
- 每月
- 每年
- 一天之內
- 半天之內
- 十分鐘之內

接下來就是這種思考模式的神奇之處了。在兩個類別（對象／時間）中各挑一個選項來排列組合，看看能否組成一個具體行動，比如「每天要對媽媽做一些善事」、「在十分鐘之內對弟弟好一點」。

接下來，你就可以列出具體的行為，比如每天早上傳一則鼓勵的簡訊給媽媽；或是你弟弟等一下要趕著去接小孩，沒有時間做晚餐，所以你幫他訂披薩。這兩樣都是善行。發想這些點子，你就可以超越「碎紙花般的善行」（蛋炒飯），而展現出細心而有深度的善意。

你當然能增加這個思考模式的層次，美國家庭諮商專家蓋瑞·巧門（Gary Chapman）在《愛之語：兩性溝通的雙贏策略》中提到，每個人都會以不同的方式給予和接受愛，他將其分爲五大類：

1. 服務
2. 禮物
3. 身體的接觸
4. 精心安排的時刻
5. 肯定的語句

於是我們上面的思考模式就可以更精細一點：「我如何在十分鐘之內服務我的弟弟」、「我如何在十分鐘之內對弟弟說出肯定的語句」。所以現在我們有三種類型的選項可以排列組合了。

下班後，不妨挪出一小時跟伴侶培養感情，最好手機都關機，好好享受一下這段「精心安排的時刻」。在你與好友的共同播放清單中加入一首新歌，當作你今天送給他的「禮物」。這兩種「善行」截然不同。對某些人來說，每天早上去上班前最想要的禮物，就是家人的體貼擁抱。這應該是他們幾小時之內唯一的「身體接觸」。

當你認爲某個人很特別，你就會做出有意義的行動。

我們都會拿出便利貼，在上面寫一些鼓勵或感謝的話給同事。有些人比較有心，會自己製作手工卡片，並詳細描述對方如何改變你的人生。想想兩者的差別。前者會讓人莞爾一笑，後者會令人感動流淚。爲什麼？因爲有意義的善行和交流是花心思建立起來的。

請不要誤會，便利貼也有它的效果。正如《伊索寓言》寫道：「沒有一種善舉是白費力氣。」因此，付錢買一份待用餐或是在大街上與人自由擁抱，都有各自的成效。我再強調一遍，舉手之勞是美妙又有愛的象徵。它們就像冰淇淋上的巧克力碎片一樣，可以增添風味。但是想要展現深度的善意，你得先依個人喜好選擇冰淇淋口味，接著一球一球挖出來放到甜筒中，巧克力碎片則是可有可無。

既然有能力做得更棒，何必只滿足於達標就好？只要刻意練習，有明確的方法與決心，就能挑戰自我，培養深度的善意。

## 善行三十

「交互思考」是很棒的腦力激盪工具，是行善的第一步。以下清單中列出的三十種行動，每項頂多花你十分鐘。所以下次你別再點蛋炒飯了，我們的菜單琳瑯滿目，還可以自由搭配，讓你找出對自己最有意義的善行：

- 我自己：在小紙片上寫下關於自己的三件好事，放在只有你能看到的地方。

- 我自己：分別寫下在「以前的自己」、「現在的自己」和「未來的自己」身上最喜歡的一件事。
- 我自己：出去走走，在步行不超過十分鐘的範圍中，找出五件讓你感激的事情。
- 家人：傳一張微笑的自拍照給家人，舉出一個他讓你快樂的原因。
- 家人：寫兩封充滿關愛的信給兩位家人，藏在他們難以發現的地方。你可以給他們暗示，看誰先找到自己的信。
- 家人：精心安排家庭日。在行事曆上做記號，請大家那一天要先空下來，做一些趣味而開心的活動。
- 親戚：翻閱舊照片，找出你們兩人的合照。寄給他們，說明那段回憶為何令人難忘。
- 親戚：在社群網站上發表一篇貼文，談談你跟某位親戚的相處過程，包括你有多麼欣賞他，有如當天是國定——（叔伯、表親、曾祖母）節。

- 閨蜜或死黨：傳五到七張你拍的搞笑照片給他，加上這個標題：「我相信你不會看到吐血，謝謝你包容我的各種缺點。」
- 閨蜜或死黨：寫兩首小詩，描述你對他的印象和你們的友誼。把你的大作傳給他們，寫在小卡片上更好。
- 閨蜜或死黨：列出你這一生想和對方一起做的五件事，請他們也寫五項，這樣就有十大共同願望清單。貼在重要的地方，並貫徹執行。
- 以前要好的同學：傳語音留言給對方，全長兩分鐘，描述他的優點。
- 以前要好的同學：打電話給對方的家人，感謝他們家養出這個好人。
- 好同事：傳簡訊給對方，用名人來形容他平常的樣子，例如「你在發表簡報時很像歐巴馬」、「你喝咖啡的時候很像奧黛莉．赫本」。
- 好同事：送他一本好書，貼上一張便條紙，說明這本書多有內涵。
- 好同事：共用午餐時，問對方一些特別的問題，比如「你最欣賞的演員是哪一位」、「你有什麼有趣的怪癖」。

- 你尊敬的人：在社群網站上拍攝小短片，談談你從對方身上學到的優點，並因此成為更好的人。在影片中標記對方，或直接傳訊息向他們道謝。
- 喜歡搞笑的朋友：把你們的有趣回憶畫下來，傳給對方看，一起回憶那些歡樂的時光；如果你不太會畫畫，那效果會更好。
- 啟發你的人：根據對方給你的靈感，今天來做點不一樣的事情。拍影片或寫下小短文，寫下對方的特別之處，感謝他讓你的人生變得更酷。
- 老是與你唱反調的人：傳簡訊或打電話給對方，表達你的敬意，例如「我們對某些事的看法不同，但我很欣賞你的態度和思考方式」。
- 你身邊的榜樣：打電話給對方，告訴他們三件事：一、自從認識他們後，你的生活變得更好了；二、你從他們身上學到什麼；三，在他們的鼓勵下，你也會繼續加油。
- 你尊敬的前輩：重讀對方留下的鼓勵話語，跟大家分享你的心得以及所受到的啟發。

- 鄰居：寫一張小卡片，上面有你的名字和聯絡方法，以及你可以提供的服務：溜狗、拔雜草、借調味料。
- 波麗士：寫一張卡片或贈送鮮花，感激他們的辛勞和付出，大家才能安心地過生活。
- 公益團體：小額捐款給你重視的公益團體。發訊息給對方的臉書小編，感謝他們所做的一切努力。
- 老師：贈送愛心小禮物，比如咖啡、茶葉或甜點，謝謝他們的努力。
- 瑜珈課的同學：創建群組，鼓勵大家分享療癒的訊息，並且不時安慰或鼓勵彼此。
- 陌生人：給服務生一個親切的微笑，感謝他們的付出。
- 陌生人：寫一首短詩貼在租屋看板，描述這個世界有多美好，而且人人都值得被善待。
- 我自己：找一張精美的信紙，寫下這三十天以來最愛的五個善行，並貼在可見之處，以見證善良的力量，並滿足自己的成就感。與你關心的人分享這份清單，推薦他們一起來練習。

希望這些點子能激發你的創造力，點燃你的同理心。靠著這份清單，你就能打下堅實的基礎，創造良善的人生。實驗了五花八門的善行後，你就累積了很多資訊，可以進入第二階段：百分之一的轉變。

## 滴水穿石、積沙成塔

我猜想，世界如果想要變成善良的天堂，那世人就要懂得管理時間，重新安排生活的優先事項，並且在每天做出百分之一的轉變。在這理想的世界，人人都把「善良」放在自我實現清單的第一順位，正如同待辦清單的第一項。要達到這個境界，每個人都要體認到，爲了要讓善良成爲世界的常態，就要從自己做起。這種改變不會一夜成眞，還得跨出舒適圈，自我挑戰一番。

就像籃球員或魔術師一樣，唯有鞭策自己、努力練習某個小動作，直到它成爲肌肉記憶，才能做出完美的表現。掌握這個原理，我們就知道，每個目標都要從小習慣開始培養；從百分之一的轉變開始，接著進入百分之二，最後成長爲大樹。

漸進式的改變非常有力量，但心血來潮、偶爾爲之的行動就沒什麼效果。

爲了啟發你的動力，以下列出一些有趣的例子，讓你知道如何以百分之一的轉變來培養深度善意。

- 加州某個女孩每週為鄰居做生日蛋糕。
- 路易斯安那州某個女孩每天和媽媽拍感恩影片，上傳到社群網站。
- 緬因州某男子每天給寫明信片給兩個女兒。持續八年。
- 華盛頓州某個學生每天自願為同學開學校大門。
- 在我求學期間，媽媽每天會在午餐盒裡放便條紙。

- 加州某男子每天都發慶生影片給當天生日的網友。
- 華盛頓州某位老師每星期都設法鼓勵、安慰成績落後的同學。
- 俄勒岡州某個大學生喜歡參加社團，每天都會設法認識一個新朋友。

保持習慣、確立目標、持續地練習下去，就能將「碎紙花般的善行」轉變成「深度的善意」。從心血來潮到刻意練習，善行逐漸成爲你日常的一部分。而你做過的事情，會轉變成自我成長的元素。

貫徹決心、不斷練習，讓善良成爲習慣，才能眞正讓世界變得更美好。

# 結語　更美好的世界

海嘉後來睡著了，而我繼續坐在熱狗座位。飛機降落時她也跟著醒來。乘客們焦急地起身，像擎天巨神阿特拉斯那樣，歪著頭站在置物櫃下，試圖把手提箱取下來。

我移到走道時對她笑了笑，腦中開始想租車事宜、旅館有多遠以及那晚可以睡多久。我甚至沒問她姓什麼。沒想到日後我會不斷想起與這個陌生人的邂逅，而且每次都有不同的感想。

但我和海嘉從此沒有交集。

如果我們後來有聯絡，這個故事必然更精采。我多麼希望能告訴她，她的故事對我影響很深遠。只要有機會，我都跟大家分享這段經歷，告訴大家如何讓善行成為日常的一部分。這個結局很棒吧？可惜我不知道她姓什麼，只能當作萍水相逢的路人。

一個人一生平均要與八萬個人打交道。我們絕對記不住其中多數人，更遑論再見到他們。在每次短暫的邂逅中，我們的言行舉止可能會給對方留下深刻的印象。很有趣吧？機上那四個小時的互動成為我今後十年的演講主題。我每天都提醒自己，在看似不重要的時刻，自己的一言一行會讓人難以忘記。

我研究「善良」這個主題很久了，但聽了海嘉的故事後，才有更深入的體會。海嘉的故事說明了，對人類這個物種來講，冷漠是最具破壞力的互動模式。我們有能力付出關心，但卻袖手旁觀，這是意志力薄弱所造成的。

付出愛心不能光說不練，而是得捲起袖子去實行。

當然，世人不是刻意地要這樣口是心非，只是以為善良很簡單，多做舉手之勞就好。但是，想要培養善良，我們需要一套全面的使用說明書，否則注定要失敗。想要身材變好，我們以為吃減肥藥就好，但你得加入健身房，找教練學習，以及培養強大的動機。

現代人越來越常談到「善良」這個主題。大家也意識到，每個人都有這一層的深刻需求。不過，如果我們以爲做善事就像灑碎紙花那樣，那它的效果就會像十元商店賣的派對拉炮一樣，雖然很逗趣，但只能帶來一時的興奮，沒辦法產生深刻的影響。

碎紙花灑滿地後，還得找人來收拾。

雖然如此，讀者也不要感到絕望。到處都有了不起的人，他們慷慨、無私又有同理心，做了許多不同凡響的善舉。他們的背景和故事遠超出我的理解和經歷。我敢保證，每天都有不爲人知、被低估的好事發生。我是一個無可救藥的樂觀主義者，深深相信人性本善。

然而，我們大規模地製造「善良」商品，把善行簡化成口號，所以大家都不清楚，要改善大環境，每個人都要持續付出努力。「舉手之勞做善事」只是陳腔濫調，過度簡化了行善的深度。因此我們都以爲，要建造更有同理心的世界，只要有心做好事就可以了。但是海嘉提醒我們，有心還不夠，還要有實際的行動。就算上萬人聚在一起「發心許願」，也無法減輕一個貧民的痛苦。

媒體、政府單位和學校都不會特意強調這個世界所需要的善良。大家都說善良很重要，但卻沒有分配足夠的資源、時間或精力在上面。

我們需要一套全球共通的善良教材。作家馬克・吐溫說得好：「善良是聾人能聽到、盲人能見到的語言。」但前提在於，我們對善良要有一樣的看法和定義。

想知道何謂深度的善意，社會就得表揚、認可那些認眞的善行，並討論和說明它的特質爲何。但社會不重視這些。有些人非常慷慨、常常給人希望，會在別具意義的時刻展現深度的善意，但他們的義舉不見得有新聞價值。晚間新聞不會介紹長年照顧遊民的好心人。相反地，媒體的焦點總是集中在「碎紙花般的善行」，也就是那些耍噱頭、引人注目的趣事。那是頭條新聞的素材，與生命意義無關。但它們就像愛心氣球、絨毛娃娃一樣，頂多讓人高興一天。

我們需要更多有心人來改造世界。爲了實現良善的世界，我們要超越人與人之間的差異，修正有缺陷的社會體系。我們需要一場革命，以改變思考，交談和行善的方式。

最重要的是，我們必須要學習正確的觀念，並提起勇氣問自己：「爲什麼我們無法做善事？」要有所改進，就得找出障礙在哪，正如不了解比賽的目的，就無法進行訓練。

「創造良善的世界」是當前最急迫的任務，所以我們必須重新定義善良。世界要正常運作、欣欣向榮，每個人都得具備這種特質。善良不是可有可無的興趣，而是不可或缺的技能，必須學習才能充分實踐它的內涵。

爲了塑造無私的世界，我們必須一步步踏上心靈革命的道路

- 第一步：承認自己有問題。先承認「知易行難」，有信念不代表做得好，所以我們得縮小思想與行動的差距。有這樣的體認，個人才會有積極的作

為，而社會的各種體系才會有所改善。

- 第二步：人類是教育的產物。二〇一六年，我與良師益友約翰．諾林（John Norlin）一起創辦「堅強品格」（CharacterStrong）機構。我們的使命就是教導學生情感技能和品格，更有效地把他們培養成「更完整的人」。除了數學、物理和語文等學科，他們還需要其他技能才能活得有意義，並過上成功的人生。老師應該抽出時間教導學生同理心、情緒調節與寬恕等課題，否則他們只能靠運氣與扭曲的信念去處理人際關係。教育是社會長期改革的第一步，教導跟善良有關的技能與觀念，學生才會把它們當成習慣，而不是隨性的舉動。
- 第三步：勇氣是選擇，不是天賦。我們的生活受到許多恐懼感所影響，但它們不是與生俱來、而是社會所捏造的。媒體每天強力放送「你缺這個缺那個」，這樣才能推銷各式產品，聲稱這樣就能解決問題。這些人造的憂慮把我們變得自私自利，因為恐懼的自然反應就是自我保護。內心有深層的不安全感，所以我們遠離人際交流，不敢與人交心。多多與親友分享心事、放下防備心或尋求諮商人員的協助，讓心理健康變成必要的狀態，我們才會變得更慷慨、更善良。

- 第四步：有意義才能堅持不懈。研究指出，成功人士都有足夠的韌性，知道自己的動力從哪裡來。有熱情，自然就有恆毅力。內心有明確的目標，就會產生熱情。所以，自己去決定成功的定義，不要受到文化所宰制。每個人身心的火爐燃料有限，而一部分的心力應該奉獻給善行。善良值得努力去培養，不要看心情才做。除了親切，世界更需要深度的善意。

- 第五步：每天百分之一的轉變會扭轉乾坤。預計從舊金山飛到紐約的班機，只要偏離航線一度，最終會在甘迺迪機場七十公里外降落。此外，溫度只要提高一度，水就會成為蒸氣，變成火車的動力。生活中有百分之四十五的活動是習慣使然，包括罰球的準度、使用牙線的方式和垃圾分類。謹慎地培養善良的習慣，拋棄壞習慣，每個人都致力於做出百分之一的轉變，理想的世界一定會出現。

深度善意不會遙不可及，只要認眞練習就好。先從同理心出發，並且設定明確的目標，這樣你就不會自以爲是，或像其他人一樣冷漠又麻木。你會變得很勇敢，更有力。就像大力士在緊急情況下可以舉起巨大的重物，因爲他平時已經默默地從十公斤、二十公斤慢慢練習。

我們要把善良變成常態，但唯有辛苦付出心力、跨出舒適圈，才能讓它們成爲生活的一部分。

我相信理想的世界存在，而不只是有「碎紙花般的善行」。善良是最重要、最有意義的資源。我們應該秉持誠敬的心和紀律，持續不懈地實踐善行。也就是說，我們要把善良當成大事。到時候，世人用來評價個人品格和成功的標準，就會變成「體貼」、「有恆心」、「樂善好施」等特質。

我夢想著有一天，當我在街上想安慰傷心的路人時，旁邊還有一堆人也想鼓勵他；那樣的世界有多美好啊！

# 謝詞

多年來，我在各地的學校和活動中講述善良這個主題，並不斷調整授課方式，這也是本書的主要內容。首先，感謝成千上萬的教育工作者，他們每天在學校服務，試著把學生變成更有同理心的人，以創造更良善的世界。我感謝成千上萬的學生，他們聆聽我的故事，陪我一起探索這個領域。雖然過程跌跌撞撞，但你們都是我的老師，也是並肩學習的夥伴。

「堅強品格」是一支夢幻團隊。每個成員都相信世人應該更有愛心，而且爲了實現願景努力不懈。John 和 Lindsay Norlin 有超群的領導力，也親身實踐課程內容。這個機構是我們努力了十幾年的結晶，與他們一起奮鬥，令我感到很榮幸。

感謝 Chelsea Miller，多虧有她幫忙編輯、整理龐大的初稿，我的論點才能更清晰、更有力。初稿後來被送往了不起的團隊：蒂勒出版社（Tiller Press）。這是我初次接觸出版的事宜，而 Anja、Samantha 與 Theresa 是最慷慨、最支持我的隊友。更要感謝 Nicole Nichols，她無懼重重障礙，並支持我的理念，我才不用獨自面對這個難關。

本書能出版正是出於許多人的善意。他們心存善念，即知即行，所以才有這本書的誕生。只要我們把份內工作做好，多多實踐無條件的善行，那一定能創造出更富有同理心的社會。

完成這本書後，我覺得人生很充實，謝謝大家。

# 延伸閱讀


- 蜜雪兒・玻芭（Michele Borba），《我們都錯了！同理心才是孩子成功的關鍵》。
- 布芮尼・布朗（Brené Brown），《勇氣的力量：勇敢正視情緒，從「跌倒、學習、再試一次」，重新定義自己的故事》。
- 蘇珊・坎恩（Susan Cain），《安靜，就是力量：內向者如何發揮積極的力量》。
- 維克多・弗蘭克（Victor Emil Frankl），《活出意義來》。

org_site/soc_psych/darley_samarit.html。

第十八章

1 〈與精神疾病有關的睡眠不足問題〉（Sleep loss linked to psychiatric disorders），詳見https://www.berkeley.edu/news/media/releases/2007/10/22_sleeploss.shtml。

第十九章

1 達克沃斯博士的演說，詳見https://www.youtube.com/watch?v=f2LUeQ0PiJs&list=PLTWAboaNpZBduSFG1WgXTIXxQ_ujfhCbW&index=4&t=4s。

2 〈科學觀點：現代人為什麼難以集中注意力〉（Why It's So Hard To Pay Attention, Explained By Science），詳見 https://www.fastcompany.com/3051417/why-its-so-hard-to-pay-attention-explained-by-science。

## 第十四章

1 〈恆毅力真的是成功的關鍵嗎？〉（Is "Grit" Really the Key to Success?），詳見 http://www.slate.com/articles/health_and_science/cover_story/2016/05/angela_duckworth_says_grit_is_the_key_to_success_in_work_and_life_is_this.html。

2 〈心理學如何解釋「旁觀者效應」〉（How Psychology Explains the Bystander Effect），詳見 https://www.verywellmind.com/the-bystander-effect-2795899。

## 第十六章

1 〈笑吧，笑翠鳥：叢林中的一天，家中的一夜〉（Laugh, Kookaburra A day in the bush, a night at home），詳見 https://www.newyorker.com/magazine/2009/08/24/laugh-kookaburra。

## 第十七章

1 〈你真如想像中的忙嗎？〉（Are You As Busy As You Think?），詳見 ttps://www.wsj.com/articles/SB10001424052970203358704577237603853394654

2 〈從耶路撒冷到耶利哥：助人行為中的情境和處置變數的研究〉（From Jerusalem to Jericho: A study of Situational and Dispositional Variables in Helping Behavior），詳見 http://faculty.babson.edu/krollag/

第九章

1 〈如果孩子們做得到，就會做得好〉（Kids do Well if they Can），詳見 https://www.informationchildren.com/kids-do-well-if-they-can/。

2 〈從臨床觀點看情緒調節和失調問題〉（The Development of Emotion Regulation and Dysregulation: A Clinical Perspective），詳見 https://srcd.onlinelibrary.wiley.com/doi/abs/10.1111/j.1540-5834.1994.tb01278.x。

3 〈如何培養和練習自我調節能力〉（How to Develop and Practice Self-Regulation），詳見 https://www.verywellmind.com/how-you-can-practice-self-regulation-4163536。

第十章

1 〈新鎮被泰迪熊和布娃娃淹沒〉（Newtown inundated with Teddy bears, stuffed animals），詳見 https://www.theoaklandpress.com/2012/12/22/newtown-inundated-with-teddy-bears-stuffed-animals/。

第十二章

1 〈布芮尼・布朗：你可以做三件事阻止無限迴圈的羞恥感〉（Brené Brown: 3 Things You Can Do to Stop a Shame Spiral），詳見，https://www.youtube.com/watch?v=TdtabNt4S7E

第四部

1 〈如何在數位世界打造成功的品牌〉（Finding Brand Success In The Digital World），詳見 https://www.forbes.com/sites/forbesagencycouncil/2017/08/25/finding-brand-success-in-the-digital-world/#7cab7ea0626e。

happens_when_we_shield_kids_from_boredom。

6 同前註

第五章

1 〈康健人壽指出，孤獨在美國已經成爲流行病〉(New Cigna Study Reveals Loneliness at Epidemic Levels in America)，詳見https://www.cigna.com/newsroom/news-releases/2018/new-cigna-study-reveals-loneliness-at-epidemic-levels-in-america。

2 〈孤獨使你生病〉(How loneliness can make you sick)，詳見https://www.apa.org/science/about/psa/2017/09/loneliness-sick。

3 〈孤獨：美國的新流行病〉(Loneliness: A New Epidemic in the USA)，詳見https://www.psychologytoday.com/us/blog/envy/201902/loneliness-new-epidemic-in-the-usa。

第六章

1 〈個性在上小學前已經定型〉(Personality Set for Life By 1st Grade, Study Suggests)，詳見 https://www.livescience.com/8432-personality-set-life-1st-grade-study-suggests.html。

第七章

1 〈艾倫．狄波頓談存在主義的成熟性以及情商的眞正含義〉(Alain de Botton on Existential Maturity and What Emotional Intelligence Really Means)，詳見https://www.brainpickings.org/2019/11/25/the-school-of-life-book。

# 註釋

## 第二章

1 〈語言和大腦〉(Language and the brain)，詳見https://science.sciencemag.org/content/366/6461/13。

## 第四章

1 〈現代兒童比一九五〇年代的兒童精神病患者更焦慮〉(Studies Show Normal Children Today Report More Anxiety than Child Psychiatric Patients in the 1950's)，詳見https://www.apa.org/news/press/releases/2000/12/anxiety。

2 〈光陰飛逝：美國成年人每天花一半的時間在看社群媒體〉(Time Flies: U.S. Adults Now Spend Nearly Half a Day Interacting with Media)，詳見https://www.nielsen.com/us/en/insights/article/2018/time-flies-us-adults-now-spend-nearly-half-a-day-interacting-with-media。

3 〈人類的大腦每天裝載34GB的資訊〉(The Human Brain is Loaded Daily with 34 GB of Information)，詳見https://www.tech21century.com/the-human-brain-is-loaded-daily-with-34-gb-of-information。

4 〈大學生的同理心下降百分之四十〉(Studies Show a 40% Decline in Empathy Among College Students)，詳見https://twentyonetoys.com/blogs/teaching-empathy/empathy-decline-college-students。

5 〈讓孩子無聊一下也不錯〉(What Happens When We Shield Kids from Boredom)，詳見https://greatergood.berkeley.edu/article/item/what_

人生顧問 456

# 你的善良必須更有力量：勇氣、耐性、同理心，深度善意是助人的王道

Deep Kindness: A Revolutionary Guide for the Way We Think, Talk, and Act in Kindness

作　者—休士頓・克拉夫特（Houston Kraft）
譯　者—林師祺
主　編—郭香君
責任編輯—許越智
責任企畫—張瑋之
美術設計—陳文德
內文排版—張瑜卿
編輯總監—蘇清霖
董 事 長—趙政岷
出 版 者—時報文化出版企業股份有限公司
一〇八〇一九臺北市和平西路三段二四〇號四樓
發行專線／（〇二）二三〇六—六八四二
讀者服務專線／〇八〇〇—二三一—七〇五・（〇二）二三〇四—七一〇三
讀者服務傳眞／（〇二）二三〇四—六八五八
郵撥／一九三四—四七二四時報文化出版公司
信箱／一〇八九九臺北華江橋郵局第九九信箱
時報悅讀網—www.readingtimes.com.tw
綠活線臉書—https://www.facebook.com/readingtimesgreenlife/
法律顧問—理律法律事務所　陳長文律師、李念祖律師
印　刷—勁達印刷有限公司
初版一刷—二〇二二年七月二十二日
初版三刷—二〇二二年十二月二十一日
定　價—新台幣三八〇元



時報文化出版公司成立於一九七五年，並於一九九九年股票上櫃公開發行，
於二〇〇八年脫離中時集團非屬旺中，以「尊重智慧與創意的文化事業」爲信念。

你的善良必須更有力量：勇氣、耐性、同理心，深度善意是助人的王道
休士頓・克拉夫特（Houston Kraft）著；林師祺譯
--- 初版 --- 臺北市：時報文化出版企業股份有限公司，2022.07
面；14.8×21公分. ---（人生顧問）
譯自：Deep kindness : a revolutionary guide for the way we think, talk, and act in kindness
ISBN 978-978-626-335-676-4（平裝）
1.CST：修身　2.CST：生活指導
192.1　　111010143

Deep Kindness: A Revolutionary Guide for the Way We Think, Talk and Act in Kindness

Published by arrangement with the original publisher, Tiller Press, a Division of Simon & Schuster, Inc. through Andrew Nurnberg Associates International Limited.


ISBN 978-626-335-676-4　Printed in Taiwan